CB137662

EDITORA DO CONHECIMENTO

Auxiliando a humanidade a encontrar a Verdade

Umbanda e sua História

© 2020 – Diamantino Fernandes Trindade

Umbanda e sua História

Diamantino Fernandes Trindade (Org.)

Edição comemorativa de 30° aniversário

Todos os direitos desta edição reservados à
CONHECIMENTO EDITORIAL LTDA.
Fone/Fax: 19 3451-5440
www.edconhecimento.com.br
vendas@edconhecimento.com.br

Nos termos da lei que resguarda os direitos autorais, é proibida a reprodução total ou parcial, de qualquer forma ou por qualquer meio – eletrônico ou mecânico, inclusive por processos xerográficos, de fotocópia e de gravação –, sem permissão, por escrito, do Editor.

Projeto gráfico: Sérgio Carvalho
Ilustração da capa: Roque Ciaco Neto

ISBN 978-65-5727-058-5
2ª edição – 2020

• Impresso no Brasil • Presita en Brazilo

Produzido no Departamento Gráfico de
CONHECIMENTO EDITORIAL LTDA
Rua Prof. Paulo Chaves, 276 – 13485-150
Fone: 19 3451-5440 – Limeira – SP

Dados Internacionais de Catalogação na Publicação (CIP)
(Angélica Ilacqua CRB-8 / 7057)

Trindade, Diamantino Fernandes.
Umbanda e sua História / Diamantino Fernandes Trindade (Org.) – 2ª ed. – Limeira, SP: Editora do Conhecimento, 2020.
148 p. : il.

ISBN: 978-65-5727-058-5

1. Umbanda - História. I. Título

20-2680 CDD – 299.672

Índice para catálogo sistemático:
1. Umbanda – História

Logo da Casa de Cultura Umbanda do Brasil.

Os direitos autorais desta obra são totalmente revertidos para as atividades da Casa de Cultura Umbanda do Brasil.

A Casa de Cultura Umbanda do Brasil possui um acervo de 2000 imagens, livros, discos, quadros e objetos ritualísticos e vários documentos históricos. Promove diversos eventos no sentido de resgatar a Grande e Sagrada Diversidade Religiosa Brasileira.

Diamantino Fernandes Trindade
(*Hanamatan Ramayane*)

Umbanda e sua História

2ª edição – 2020

EDITORA DO
CONHECIMENTO

Nossa capa

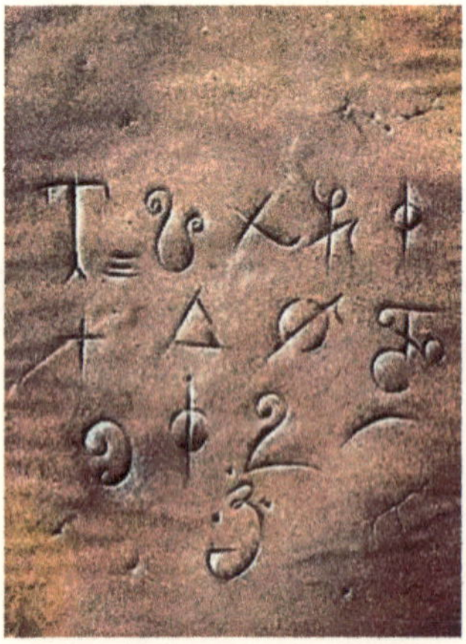

As Santas Almas enviam sua luz e bençãos, em nome de Zambi, a todos filhos da Terra, e proteções com os poderes sagrados da Santa Cruz e da cobertura contra todos os males, com a força da natureza: fogo, ar, terra e água, encaminhando, também, as almas que partiram na Lei de São Miguel Arcanjo; Xangô, Senhor da Justiça e da lei, em nome do Supremo Mestre Oxalá.

Bandeira da Umbanda (1961)

– Henrique Landi Jr.

No centro três setas brancas e cruzadas em equilíbrio das hastes representando a Umbanda em seu sentido de paz e caridade. Situadas num círculo cinza, campo neutro, simbolizando o ponto de contato de todas as religiões, onde se confundem nas suas origens.

Circunscrito esse campo pelo círculo amarelo alaranjado dos Orixás, delimitado pelo incomensurável azul do Céu como representação simbólica de Deus Uno.

Dedicatória

In Memorian
A Zélio Fernandino de Moraes, um dos pioneiros e trabalhador incansável do Movimento Umbandista.
A Woodrow Wilson da Matta e Silva, o Grande Mestre que trouxe, através de suas valiosas obras, os reais fundamentos dessa Umbanda de Todos Nós.

Ao Mestre Amigo
Francisco Rivas Neto, pelo apoio na "transição" e pela oportunidade do ajuste e do resgate com a coletividade umbandista.

Aos Meus Pais
Minha eterna gratidão, pela oportunidade desta presente encarnação.

Aos Meus Filhos e Netos
Ana Paula, Andrea, Tharso, Amanda e Alexandre, o meu amor eterno.

A Minha Companheira
Larayara, pela compreensão e pela dedicação à Umbanda.

Ao Irmão de Fé de todas as horas
Edison Cardoso de Oliveira, filho de Santé da Ordem Iniciática do Cruzeiro Divino, por tudo que aprendemos nestes dez anos na Choupana do Caboclo Beira Mar (Agrupamento de Umbanda do Cruzeiro Divino - São Bernardo do Campo).

A todos os Irmãos de Fé da Ordem Iniciática do Cruzeiro Divino
Que Oxalá nos abençoe sempre.

A todos os umbandistas
Meu sincero e fraternal Saravá.

À **EDITORA DO CONHECIMENTO**
Por continuar confiando no meu trabalho.

A todos, meu muito obrigado.

O tempo é mestre e juiz
Caboclo Sete Espadas

Sumário

TRINTA ANOS DEPOIS!

Prezados leitores e leitoras!

Em fevereiro de 1990 recebi do Caboclo Sete Espadas a incumbência de resgatar a memória da Umbanda.

Aceitamos a tarefa, porém naquela época não tínhamos a vivência nem dados suficientes para escrever com profundidade sobre a história da Umbanda.

Publicamos, então, este livro, *Umbanda e sua História*, que consideramos um pequeno ensaio para escritos mais elaborados; uma introdução à história da Umbanda.

Com muito mais vivência e fontes de pesquisa mais abundantes, retomamos a tarefa em 2009, o que resultou em uma série de dez volumes da obra História da Umbanda no Brasil, publicada pela **EDITORA DO CONHECIMENTO**.

Outras obras históricas também foram publicadas por esta editora, comprometida com o resgate da memória da Umbanda e dos cultos afro-brasileiros: *Leal de Souza: o primeiro escritor da Umbanda*, *A Construção Histórica da Literatura Umbandista*, *Feitiços e Feitiçaria no Segundo Império do Brasil*, *A Tenda Espírita Mirim*, *O Capitão Pessoa e a Tenda Espírita São Jerônimo*, *Terreiro da Aruanda – W. W. da Matta e Silva e a Raiz de Guiné*, *Luzes da Umbanda – Lilia Ribeiro e o legado de Oxóssi Rompe Mato* e *Jamil Rachid e Demétrio Rodrigues – Decanos da Umbanda*.

Por que relançar esta obra trinta anos depois?

Os fiéis leitores e leitoras, que nos acompanham há tanto

tempo, têm a oportunidade de saber como eu pensava, como eu escrevia naquela época, onde não tínhamos computador, não havia internet, onde a pesquisa na Biblioteca Nacional era algo muito difícil e não tínhamos as preciosas colaborações de irmãos que, gradativamente, se engajaram neste projeto.

Além disso, este livro é o marco inicial do resgate da memória da nossa religião, praticada e seguida por milhões de brasileiros. A Umbanda tem história e a minha tarefa foi apenas reunir os seus recortes em vários volumes para que todos possam ler, estudar e pesquisar as raízes, a implantação e o desenvolvimento desta Umbanda de Todos Nós.

Outros já estão retomando meu encargo, pois a história continua...

Procuramos manter, na medida do possível, a originalidade da obra como foi publicada há trinta anos.

Desejamos uma boa leitura a todos!

Meu saravá profundo!

Diamantino Fernandes Trindade
Hanamatan Ramayane
14/06/2020

PREFACIANDO

Leitor amigo, saravá!

Prazerosamente estamos prefaciando esta obra do Diamantino Fernandes Trindade – UMBANDA E SUA HISTÓRIA. Dissemos prazerosamente, pois observamos que, nesta sua obra, além da fidedigna pesquisa histórica, há fundamentos básicos e herméticos da Doutrina Umbandista, infortunadamente, pouquíssimo conhecida por todos, sejam ou não umbandistas. Sentimo-nos plenamente gratificados, pois em muitos tópicos do livro, são expostos conceitos contidos nas obras Umbanda – A Proto-Síntese Cósmica e Umbanda – O Elo Perdido, de autoria, ambas, do Caboclo Sr. Sete Espadas, mostrando assim que o Diamantino, o autor, interpenetrou novos e profundos ângulos da Umbanda, e coloca ao alcance de todos que lerem esta obra. Como outros, afirmamos: A verdade é uma só, não são duas...

O prezado leitor, acostumado com as outras obras do Diamantino (sim, o mesmo já escreveu oito obras), observará nesta obra uma profunda modificação, uma nova fórmula, um novo enfoque de ver e sentir as coisas da Umbanda por parte do autor.

Além de ter uma nova visão, amadureceu seus conceitos sobre o movimento umbandista da atualidade, aprofundou-se na raiz dos fundamentos mais puros e primevos desta Umbanda de todos nós.

Mostrando-se sensível às realidades maiores da Umbanda, olvidou a si mesmo e os conceitos que até então tinha como definitivos, demonstrando assim seus nobres ideais, pois, de forma cristalina que não deixa a menor dúvida, propugna uma Umbanda acima dos interesses e egocentrismos, tão comuns em nossos dias.

Desimbuído da tola e anacrônica vaidade, escreve com clareza e objetividade, aquilo que compilou através de vasta e incansável pesquisa e também conceitos próprios que tem como os mais aceitáveis para o momento.

Esta obra, como o próprio autor cita, tem muito de outras obras, mas tem o condão de torná-las acessíveis e objetivas e reuni-las, dando ao prezado leitor uma real noção de síntese.

Parabéns, leitor amigo! Você está de posse de uma obra que seguramente, dará uma nova visão sobre a história da Umbanda. Não fala de um século, um milênio... Fala de mais de milhão de anos.

Esta obra, temos certeza, mudará e derrubará velhas concepções calcadas no mito e nos tabus, elevando assim, o consciencial para as coisas herméticas e superiores de nossa tão ancestral e primeva religião - a Umbanda.

Leitor amigo, penetremos no livro, perscrutemos sua "alma" e sentiremos realmente o despertar de Nova Era, de novos tempos que a todos estão chegando... Penetremos, pois, nestes auspiciosos tempos!...

Rivas Neto

Nota do autor

Rivas Neto é Mestre de Iniciação de 7° grau – 3° ciclo e Médium-Magista da Ordem Iniciática do Cruzeiro Divino. Iniciado pelo insigne W. W. da Matta e Silva.

É autor das seguintes obras:

Umbanda – A Proto-Síntese Cósmica (1989)
Umbanda – O Elo Perdido (1990)
Lições Básicas de Umbanda (1991)

UMA PALAVRA AOS LEITORES

Ao ler esta obra, muitos de vocês irão encontrar alguns textos que seguramente lhes são familiares. Muito do que está escrito neste livro já terá sido visto em alguns livros de cunho espiritualista, principalmente em algumas obras umbandistas sérias.

Em virtude disto devemos lembrar aos amigos leitores, umbandistas ou não, que nós não fizemos a história da Umbanda, e sim, tivemos a permissão para reunir os seus fragmentos em uma ordem cronológica que achamos adequada.

Recebemos uma grande quantidade de informações por via direta (pesquisa *in loco* e bibliográficas) e por via indireta através de fontes fidedignas. Alguns fatos importantes podem ter sido olvidados, porém não propositalmente. No entanto, estamos abertos a todas as comunicações dos leitores, no sentido de, numa próxima edição ampliar e registrar os fatos que não foram citados e que merecem crédito.

Todas as correspondências serão bem recebidas e analisadas pois, ao escrever este livro, não tivemos a intenção de ser o dono da verdade. Ao contrário, temos muito a aprender e o fazemos diariamente em todas as nossas atividades, quer profissionais, quer religiosas.

EXPLICAÇÕES NECESSÁRIAS

Caro leitor, antes de iniciarmos este trabalho, sentimos a necessidade de esclarecer alguns fatos importantes, principalmente para os leitores que conhecem nossas obras anteriores dentro da literatura umbandista.

Durante dez anos militamos no seio da chamada "Umbanda Tradicional" trabalhando mediunicamente e também como dirigente de uma das muitas federações umbandistas que proliferam no Estado de São Paulo. Nesses anos, fomos absorvendo os ensinamentos de pessoas mais experientes e, ao mesmo tempo, fomos fazendo os devidos registros (hábito de professor) de tudo o que aprendíamos. Esse farto material foi sendo trabalhado editorialmente e se transformou em uma série de oito livros.

Sabemos, através de várias pessoas ligadas aos cultos populares do Movimento Umbandista, que nossas obras influenciaram muitas consciências de médiuns, chefes de terreiros e umbandistas em geral.

Essa responsabilidade pesa sobre nossos ombros, pois através da Sagrada Corrente Astral de Umbanda, sabemos hoje que uma boa parte desses ensinamentos que aprendemos e transmitimos aos nossos fiéis leitores estão, em parte, em desalinho com as leis que regem o Movimento Umbandista atual.

A misericórdia dos bondosos mentores da Aruanda permitiu que pudéssemos conhecer o "outro lado da moeda" e assim, novos conhecimentos sobre a Umbanda nos foram revelados. A partir desse momento de bondade do Astral Superior passamos a vislumbrar novos horizontes, com luzes mais brilhantes e passamos a entender porque muitas coisas que informamos aos leitores em nossas obras, precisavam ser atualizadas. Só para citarmos alguns exemplos, não posso hoje acreditar na necessidade de fazer oferendas a Yemanjá onde constem pentes, espelhos, sabonetes e outras quinquilharias. Não posso mais concordar com o uso de inúmeras guias para a incorporação de um Mentor. Não são os Mentores que precisam das guias e sim os médiuns.

Não tenho a intenção de crucificar e julgar nenhuma das pessoas que nos passaram aqueles ensinamentos pois o fizeram com as melhores das intenções. Porém, a partir do instante que o Astral Superior nos dá essa oportunidade de nos redimirmos, em parte, pelos erros cometidos, sentimo-nos na obrigação de prestar estes esclarecimentos.

Hoje militamos na Doutrina Esotérica da Umbanda, que nos permite uma pequena elevação do nosso nível de consciência espiritual. Sabemos, no entanto, que cada um de nossos irmãos umbandistas tem o seu nível consciencial e não pretendemos aqui transformar, de um dia para outro, os conceitos adquiridos por eles.

Este é o primeiro trabalho literário que a Corrente Astral de Umbanda nos permite fazer após o início de nossa transição da Umbanda Tradicional para a Umbanda Esotérica. Pretendemos, ao dar os primeiros passos na nova vida umbandista, que os fiéis leitores de obras anteriores possam nos seguir (os que assim desejarem). Conhecimentos mais profundos poderão ser encontrados em outras obras que serão citadas no texto.

Desejamos que esta obra possa trazer benefícios a todos os leitores.

Saravá, irmãos em Oxalá!

Que a Senhora da Luz Brilhante, que infortunadamente para a grande maioria continua a ser a Senhora da Luz Velada, possa cobrir a todos com Seu manto de caridade.

Diamantino Fernandes Trindade
26/07/1990

Capítulo I

INTRODUÇÃO

Depois de 10 anos vivendo o dia a dia do Movimento Umbandista, na sua forma mais simples, decidimos ampliar os horizontes da Luz da Aruanda sobre nosso interior. Através da Umbanda Esotérica vivemos agora uma nova fase de nossa caminhada terrena em busca da Luz Maior, porém dentro da rota inicial estabelecida.

Durante o período em que participamos da Umbanda Tradicional, sentimos a necessidade e os anseios da grande massa umbandista no que tange às formas doutrinárias, rituais e aspectos históricos do Movimento Umbandista. E é exatamente nesse último item que iremos nos deter neste pequeno texto.

Aos fiéis leitores de outras obras nossas e aos novos leitores queremos lembrar que na obra Iniciação à Umbanda fizemos as primeiras tentativas de resgatar a memória da Umbanda, descrevendo os primeiros passos do Movimento Umbandista em nossa terra, no início deste século, através do Caboclo das Sete Encruzilhadas e o seu médium Zélio Fernandino de Moraes. Porém a Umbanda não está limitada a esse período. Muitos fatos importantes aconteceram nos últimos oitenta anos e, principalmente, no último milhão de anos.

Sob a orientação dos bondosos trabalhadores do Astral Superior passamos a nos dedicar a esta árdua pesquisa que trazemos a toda a coletividade umbandista e também às outras correntes religiosas, filosóficas e científicas. Na verdade, muita coisa importante sobre a memória da Umbanda já foi escrita. O nosso objetivo, neste texto, é agrupar de forma simples e objetiva todos esses fragmentos que constituem a história da Umbanda.

Durante o decorrer do texto iremos transmitindo aos leitores relatos de pesquisadores como Francisco Rivas Neto (através das obras mediúnicas *Umbanda: A Proto-Síntese Cósmica* e *Umbanda: o Elo Perdido*, transmitidas pelo laborioso Caboclo Sete Espadas), Leal de Souza (o primeiro a escrever em jornais sobre a Umbanda, em plena repressão da ditadura Vargas), Roger Bastide (*As Religiões Africanas no Brasil*), Diana Brown (*Umbanda e Política*), Lilia Ribeiro (entrevistas com o senhor Zélio de Moraes e o Caboclo das Sete Encruzilhadas), Humberto de Campos (*Brasil Coração do Mundo, Pátria do Evangelho*), Jota Alves de Oliveira (*Umbanda Cristã e Brasileira*), Cavalcanti Bandeira (*O Que é a Umbanda*), W.W. da Matta e Silva (*Umbanda de Todos Nós* e mais oito importantes obras) e ainda, entrevistas realizadas com Dona Zélia de Moraes e Dona Zilméia de Moraes durante nossas visitas à Tenda Nossa Senhora da Piedade, marco da restauração do Movimento Umbandista atual.

Mostraremos ainda, algumas fotos importante da Tenda Nossa Senhora da Piedade e de W. W. da Matta e Silva. Ao final transcreveremos vários pontos cantados. São os chamados Pontos de Raiz, dados pelas próprias entidades manifestadas nos terreiros.

Esperamos que esta despretensiosa obra (pesquisa) sirva como ponto de partida para novos trabalhos importantes sobre a memória da Umbanda.

A todos, o nosso sincero saravá!

Capítulo II

ESCLARECIMENTOS IMPORTANTES

Nas primeiras linhas desta tarefa queremos localizar o leitor no tempo-espaço para que seja proveitosa a leitura deste texto. Iremos nos deter, com mais profundidade, no período que compreende desde o século XIV até os dias de hoje. Porém, caro leitor, a natureza não dá saltos e para entender melhor este lapso de tempo é necessário retrocedermos na grande noite do tempo.

Você poderá perguntar: Como isso é possível? Nós lhe responderemos dizendo que, através do benefício da dimensão-mediunidade (psicografia intuitiva e sensibilidade psico-astral), Francisco Rivas Neto expressou os ensinamentos do Caboclo Sete Espadas nos livros intitulados *Umbanda: A Proto-Síntese Cósmica* e *Umbanda: O Elo Perdido*. Estes livros nos trazem revelações dos tempos mais longínquos, desde o aparecimento da primeira Raça Humana, no planalto central brasileiro. É fundamental que, para o bom entendimento da memória da Umbanda, o leitor leia as referidas obras.

Com agô do Caboclo Sete Espadas, faremos um breve resumo de alguns tópicos desses livros até chegarmos ao século XIV. Para melhor compreensão do assunto, abordaremos superficialmente os seguintes temas: A Divindade Suprema e os Seres Espirituais, Os Planos de Evolução dos Seres Espirituais, O Surgimento do Planeta Terra, O Surgimento do Homem, das Raças e Sub-Raças, O Surgimento do Ambhandam, Brasil – Pátria da Luz e Sua Tradição Esotérica, O Surgimento da Mediunidade, etc. Após estes temas fundamentais entraremos, gradativamente, no Movimento Umbandista Atual, que pretende restaurar o AUMBHANDAM.

Capítulo III

A DIVINDADE SUPREMA E OS SERES ESPIRITUAIS

A existência do Supremo Espírito (Deus) é um fato reconhecido em todos os planos do Espírito. Na Umbanda, cremo-Lo como de perfeição absoluta, como o incriado absoluto, a suprema consciência una. É Ele que domina e dirige tudo (os seres espirituais, a substância etérica que compreende a matéria e a energia, o espaço cósmico e a eternidade). Entendemos ainda que o Supremo Espírito é o único conhecedor em causas do arcano divino, sendo pois o único que pode saber do "ser ou não ser", das origens-causas de tudo que temos como realidades incriadas e criadas.

A Umbanda entende que, através de Sua suprema vontade e de seu supremo poder operante idealizador, Deus plasmou o protótipo das formas para todos os seres espirituais que desceram ao "outro lado" da casa do pai, isto é, desceram de seus Planos Virginais onde habitavam sem nenhum veículo que expressasse suas afinidades individuais virginais. Estes seres espirituais desceram então, do Reino Virginal ou Cosmo Espiritual (onde não há substância etérica), para as regiões onde há o domínio da substância etérica, ou seja o Universo Astral.

O Universo Astral é então a substância etérica ajustada em seus diversos níveis de densidade, que deu origem aos sistemas galácticos. Esse ajuste da substância etérica deu origem aos vários sítios vibratórios universais que permitiram aos seres espirituais, fazendo uso de seu livre-arbítrio, descerem às regiões do então formado Universo Astral, onde eles poderiam concretizar as suas afinidades virginais, ou seja, a percepção, consciência, desejos, inteligência etc. A par desse Universo Astral, Deus "criou" formas-veículos ou "corpos", através dos quais esses seres espirituais se expressariam no Universo Astral.

Nessa descida do Cosmo Espiritual para o Universo Astral, cada coletividade de seres espirituais dirigiu-se a uma determinada galáxia e dentro dessa, a um determinado sistema solar, no qual tomaram a direção de planetas afins, seguindo uma lei superior.

O Cosmo Espiritual seria, então a primeira via de evolução para todos os seres espirituais, enquanto o Universo Astral seria a segunda via evolutiva. Nessa segunda via evolutiva para onde desceram os seres espirituais (região de energia) usando seu livre arbítrio, é necessário anular todo seu carma constituído para poderem ascender novamente ao Cosmo Espiritual. Para anular esse carma é preciso experimentação, dores e sofrimentos, através das reencarnações sucessivas.

Dentro de um determinado sistema solar, temos os planetas, nos quais encontraremos o "Deus Planetário", o qual promove a Hierarquia Planetária Superior e Inferior. A Hierarquia Planetária Superior é composta de todos os seres espirituais ligados diretamente, em vibrações, com a Divindade Planetária. Esses seres espirituais "mediunizaram" no espaço-tempo os grandes condutores da raça, os profetas ou grandes iniciados. Raros deles já desceram até a crosta planetária. São seres espirituais de outros planetas mais elevados, que por amor e misericórdia se dignaram a vir ajudar seus irmãos menos evoluídos, que se detêm nos erros e na consciência culpada. Esses grandes condutores da raça constituem a Confraria dos Espíritos Ancestrais, chamados também de Tubabaguaçus (como se expressa no nenhengatu).

Falando um pouco do nosso Planeta Terra, podemos dizer que a sua divindade máxima é o Cristo Jesus, o Oxalá de nossa Umbanda. Por misericórdia, é o tutor do nosso planeta. A hierarquia planetária superior do planeta é denominada Hierarquia Crística. Com o objetivo de incrementar a evolução de vários filhos terrenos, ressurgiu (isso mesmo, ressurgiu) no

Brasil, há mais de 100 anos, a Umbanda. Atualmente, em sua primeira fase, chamada Fase de Ogum, a Umbanda pretende abarcar o maior número possível de adeptos, através de cultos simples e, gradativamente lançar as sementes da real espiritualidade superior. Esta fase, dentro da Nova Era, abrangerá o terceiro milênio, onde ocorrerão várias transformações em nosso planeta.

Dentro desta fase, os que não se enquadrarem nessa Nova Era deixarão o orbe cármico da Terra e irão cumprir pena coletiva em zonas subcrostais do próprio planeta Terra ou em planetas inferiores, para poderem retornar sem perturbar a evolução do planeta Terra. São muitos os chamados e esperamos que cada um cumpra sua tarefa para que todos sejam escolhidos.

Para encerrarmos este capítulo, vamos falar um pouco mais dos seres espirituais. Quando a eles nos referimos, não estamos falando apenas dos desencarnados, pois os encarnados, em conjunto com eles, habitam o Reino Natural ou Universo Astral. Do mesmo modo também são seres espirituais aqueles que não desceram do Reino Virginal onde evoluem isentos de qualquer veículo composto de substância etérica.

E bom deixar claro que, ao contrário da matéria, os seres espirituais não se desintegram, não estão sujeitos aos processos associativos ou dissociativos tão comuns na matéria. Com isso, fica claro que os seres espirituais ou espíritos são eternos, incriados e indestrutíveis, não possuindo nada daquilo que seja inerente à matéria, tal como a morte física ou desencarne.

Todos os seres espirituais são individualidades e possuem suas vibrações individualizadas próprias, de maneira que a tônica espiritual que lhes é própria pode se revelar, tanto no Cosmo Espiritual como no Universo Astral, obedecendo aos desígnios do livre-arbítrio, prerrogativa do Pai Supremo estendida a todos os seres espirituais para que cada um se revele e evolua segundo sua própria vontade.

Capítulo IV

OS PLANOS DE EVOLUÇÃO DOS SERES ESPIRITUAIS

A percepção consciente da individualidade de cada um de nós surgiu no instante-eternidade em que conscientemente tivemos consciência e inteligência e a percepção de "nós-mesmos", consubstanciada no "EU SOU". Sempre soubemos, no Cosmo Espiritual, o que era o "Eu", como algo intrínseco a nós, ou seja, Nós-mesmos em natureza vibratória espiritual. Era possível ainda distinguir o meio em que "habitávamos" como o "Não Eu", distinguindo ainda, que sua natureza vibratória era diferente da nossa. Fica claro que essa outra realidade onde "habitávamos", era o Cosmo Espiritual, ou Reino Virginal

Na forma de seres espirituais, diferenciávamos duas "qualidades inerentes" à nossa vibratória. Essas duas qualidades faziam com que os seres espirituais se agrupassem em duas faixas de pura vibratória espiritual, diferentes entre si, que faziam com que a nossa realidade espiritual se polarizasse em dois polos chamados afinidades virginais positivas e afinidades virginais negativas. Essas afinidades virginais permitiram que os seres espirituais percebessem que suas propriedades individuais vibravam em sintonia com sua polaridade afim na forma de percepção, desejos, inteligência etc.

Podemos então dizer que os seres espirituais são duais em suas vibrações (ativo e passivo). Esses seres espirituais perceberam, então, que se agrupavam em pares vibratórios e que, se desejassem exteriorizar de forma concreta suas afinidades virginais, deveriam fazê-lo através de um dos lados da

Casa do Pai, ou seja, o Universo Astral, onde a matéria (energia-massa) já havia interpenetrado, e é claro, tudo ficando à mercê de suas propriedades e qualidades. O ser espiritual deveria então, de forma concreta, impregnar na matéria suas afinidades virginais, surgindo assim a consciência do eterno masculino e eterno feminino.

Devemos deixar claro que somente quando o ser espiritual, fazendo uso de seu livre-arbítrio, desceu do Reino Virginal até o Universo Astral, conseguiu identificar conscientemente aquilo que denominamos de eterno masculino ou eterno feminino, surgindo assim a diferenciação dos seres espirituais, naquilo que veio posteriormente a ser chamado de sexo.

Os seres espirituais podem evoluir através de duas vias. A maioria evolui na Segunda Via Evolutiva, que é o Reino Natural ou Universo Astral. Os outros porém, evoluem na Primeira Via Evolutiva que é o Cosmo Espiritual ou Reino Virginal, naquilo que chamamos carma causal que, como seu próprio nome diz, implica as origens, as causas e é de conhecimento único de Deus. Isso ocorre sempre através do par vibratório espiritual ou par causal (almas gêmeas).

Como dissemos, a maioria evolui na Segunda Via Evolutiva (o Universo Astral). Via de regra ocorre um desequilíbrio importante em todo par vibratório espiritual. Suas puras vibrações espirituais começam a ser abaladas. Nessas condições o ser espiritual recebe a permissão para a descida até o Reino Natural (Universo Astral) onde predomina a energia-massa. Esse desequilíbrio se manifesta pelos desejos de um dos componentes do ser espiritual de expressar-se nesse plano de energia-massa. Esse desejo causa uma espécie de perda da individualidade. Nesse ponto, só a descida ao Universo Astral pode restaurar o equilíbrio.

E o outro componente do par, embora pertença ao par vibratório, estando sujeito aos choques virginais do mesmo, continua com sua individualidade. Pode ocorrer então de ter sentido as mesmas necessidades do seu par, mas conseguindo sobrepujá-las, continua temporariamente sua evolução no Cosmo Espiritual. Em determinado instante não conseguirá mais evoluir, pois sentirá a necessidade de complementação, que só é conseguida com seu par. Nessa situação, mas já em condições muito superiores às de seu par vibratório, desce ao Reino Natural para, ao longo dos milênios, "procurar" seu par, através da "queima" do carma constituído, o qual é supervisionado pelos Senhores do Universo Astral. Após essa "queima" retornam ao Cosmo Espiritual, ao ponto em que estavam quando desceram, seguindo o carma causal.

Ao término deste capítulo queremos ressalvar a importância da leitura do capítulo III da obra Umbanda a Proto- Síntese Cósmica, para um aprofundamento do assunto.

Capítulo V

SURGIMENTO DO PLANETA TERRA (do homem e das raças)

A Terra, a nossa "morada planetária", teve um dia seu início. É claro que a gênese do planeta Terra teve uma causa inteligente, pois sabiam os componentes da Hierarquia Crística, que a Terra, como planeta novo, serviria para abrigar filhos desgarrados de outros planetas mais velhos e evoluídos, além de sua própria humanidade.

Há aproximadamente cinco bilhões de anos, um fragmento se desprendeu das camadas ou porções externas do nosso Sol. Esse bólido entrou em determinada órbita em obediência às leis imutáveis da mecânica celeste, iniciando assim, o mais novo planeta da família solar, a sua peregrinação cósmica em plena galáxia que lhe serve de suporte.

Após longos períodos de tempo, devido a vários processos fisioquímicos, foi-se formando gradativamente uma atmosfera que já se saturava de elementos que deveriam retornar à superfície saturados de forças propulsoras imantadas pelo poder vibratório da Hierarquia Crística. Algumas alterações elétricas desencadeadas por faíscas provocaram a precipitação de abundantes dilúvios que duraram milênios.

Essas chuvas, em contato com a massa telúrica, moldaram para a nossa "casa planetária" um relevo.

Nesses fenômenos cósmicos que presidiram a gênese planetária, acharam por bem os Seres Espirituais da Hierarquia Crística promover a formação de um satélite, que chamamos de Lua. Seu magnetismo e sua luz polarizada favoreceriam os processos da vida, como também os fluxos dessa mesma vida que surgiria no planeta. A Lua equilibraria toda a massa da Terra, em seu movimento de translação em torno do Sol, conferindo também estabilidade vibratória ao planeta, a essa altura quase formado.

Após longos e vários dilúvios, tiveram início – embora a superfície da crosta terrena estivesse totalmente submersa – novos processos de evaporação, sendo que desse fenômeno emergiu pela primeira vez, após os dilúvios, a primeira zona de terra firme que permitiria, no futuro, os processos biológicos ou da vida. Essa primeira zona que emergiu das águas foi aquela que conhecemos como Brasil, em seu Planalto Central. Após essa região, no decorrer do tempo, outras foram emergindo.

Sob a orientação dos prepostos da Hierarquia Crística, os "Arquitetos e Engenheiros da Forma-Vida" iniciaram o arcabouço básico onde se desenvolveria a vida. Edificaram assim o mundo das células, sendo essas as precursoras das formas organizadas e inteligentes que viriam a se consubstanciar no futuro como "vida complexa" propriamente dita, até chegar na "ideação e realização" mais trabalhosa das Formas-Vida – o homem.

Depois de vencidas grandes barreiras bioenergéticas e do corpo de matéria sutil (corpo astral), caminham mais celeremente os Arquitetos da Forma para fazer eclodir sua grande obra, a forma humana. Nos primórdios da Era Terciária do Cenozóico, vamos encontrar os primeiros antepassados da forma humana, naquilo que chamamos de antropoides.

Muitos milênios se passaram e, entre uma encarnação e outra, os Grandes Arquitetos da Forma foram aperfeiçoando os patrimônios do corpo astral, em regiões pré-hominais, e mesmo através de sítios elementares naturais terrestres. Nessas condições, surgem verdadeiramente os primeiros homens, embora selvagens, com fenótipos melhorados, muito próximos aos atuais.

Assim surgiram condições para a forma humana, tanto para os filhos da própria Terra como para os "seres de outras pátrias siderais". Assim, a população terráquea era constituída por seus "próprios filhos" e por "estrangeiros". Alguns desses "estrangeiros" eram provenientes de outras galáxias muito distantes e muito evoluídas, outros até de planetas de nossa própria galáxia. Os filhos da própria Terra eram seres espirituais que, ao descer do Cosmo Espiritual, tinham sido direcionados para o planeta Terra.

Antes de surgirem no solo terrestre, esses seres espirituais passaram pelo campo astral terrestre onde os Arquitetos e Engenheiros da Forma estruturaram para eles um corpo astral que serviria de molde para seus corpos físicos densos. Assim, houve vários experimentos de ordem genética e astral onde os seres espirituais experimentaram o reino dos elementares (sítios vibratórios da natureza onde os seres espirituais imantam, haurem elementos e propriedades dos minerais, vegetais e animais, visando à constituição e organização de seus veículos de exteriorização no "mundo das formas").

Cada um desses estágios no reino dos elementares pode ter durado milênios, o que era necessário para uma adaptação dos corpos astral e mental, em seus diversos aspectos, inclusive em relação ao adestramento dos núcleos vibratórios ou chacras.

AS PRIMEIRAS RAÇAS

Todos esses processos ocorreram até o estabelecimento definitivo da via para o ser espiritual encarnar na Terra. Esses primeiros seres constituíram a primeira raça humana, chamada de raça pré-adâmica. Essa raça pode ser considerada um verdadeiro laboratório genético, inclusive com formas descomunais (verdadeiros gigantes retratados na mitologia). A forma mais aperfeiçoada ocorreu na raça subsequente, a raça adâmica. Nesta raça, juntamente com os "filhos da Terra", começaram a encarnar os "estrangeiros".

Os "estrangeiros", no início, eram provenientes de planetas da própria galáxia, alguns de Marte, que era paragem obrigatória de todos os seres espirituais desgarrados de nossa galáxia. Eram todos de pele vermelha. Os "estrangeiros" encarnados nessas tribos primitivas logo foram lançando seus ensinamentos, e como só poderia ser, tornaram-se seus condutores tribais, seus líderes. Ensinaram a seus comandados a língua boa, polissilábica e eufônica, a qual tinha relação com certos fenômenos da própria natureza e suas leis reguladoras. Essa língua era chamada abanheenga e foi a base para todas as línguas que seriam faladas na Terra. Esse fenômeno ocorreu no Brasil, através do tronco tupi, sendo seus condutores chamados de Tubabaguaçus.

A raça adâmica cede a vez a outra Raça, a terceira raça raiz, a raça lemuriana. Nesta raça ocorre o início dos processos de conscientização e aplicação das Leis Divinas, que desde aqueles tempos chamava-se AUM-BAN-DAN. No final desta raça surgem os grandes magos, que eram conhecedores profundos das leis que regem a mecânica do micro e do macrocosmo, e sobre elas podiam interagir.

A raça lemuriana, em extinção, dá lugar à raça atlante, a qual seria poderosa por sua sabedoria e grandes feitos cósmicos mas, por vários motivos, dentre os quais a interferência de seres espirituais de baixa estirpe, os atlantes foram decaindo, através de desejos mesquinhos, tais como a vaidade, o egoísmo, a inveja e, principalmente o magismo como força negra para atacar e subjugar seus iguais em condições de menor poder. Como reflexo disso, surgiram as grandes catástrofes, hecatombes. Era a própria Terra que reagia tentando expulsar seus "marginais", já que eles haviam trazido um clima de ódio e vingança, e ativado os "marginais cósmicos" de todas as partes.

Esses fatos ocorreram com a maioria da raça atlante, porém, uma minoria guardava as "Tradições dos Tempos de Ouro" e foram esses que velaram a Tradição Oculta. Essa minoria consubstanciada na raça vermelha, na raça negra e amarela, velaria pelos processos da síntese religiosa, científica, filosófica e artística. Velariam pela própria Lei Divina, o AUMBANDAM – o conjunto das leis divinas.

No final da raça atlante, arrasada pelos seus desmandos, surge a raça ariana, como a possível restauradora da Tradição Oculta que se esvaíra. Surgem os seres de pele clara. Temos nessa época os vermelhos em menor número, os negros em decadência quase completa e os amarelos, que seriam o equilíbrio, parecendo amedrontados, reagindo sempre agressivamente.

Capítulo VI

BRASIL, CORAÇÃO ESPIRITUAL DO MUNDO

No capítulo anterior, citamos os dilúvios que duraram milênios e deixaram a crosta terrestre submersa. Lentamente, após os dilúvios, começaram a emergir as primeiras porções de terra firme. A primeira porção a emergir foi aquela onde hoje se localiza o Planalto Central Brasileiro, sob o céu vibrado do Cruzeiro Divino (Cruzeiro do Sul).

Essas foram também, as primeiras terras a presenciar o surgimento do homem, da grandiosa raça vermelha. Por isso o pentateuco de Moisés cita que o homem foi "feito de barro" (vermelho). Outros povos (egípcios, caldeus, hindus etc.) tinham conhecimento desse fato.

Iniciou-se então no Brasil (Baratzil), o processo evolutivo da Raça Vermelha, cujas primeiras sub-raças eram constituídas de seres espirituais que, no Reino Natural, iniciaram seu processo evolutivo no planeta Terra. Aqui iniciaram e aqui deveriam terminar seu processo evolutivo, antes de alcançar outros planos ou casas planetárias mais evoluídas. Vieram depois, seres espirituais degredados de outras "pátrias siderais". Esses seres vieram acompanhados de outros seres espirituais da mesma origem sideral, mas que não possuíam nenhum débito perante as Leis Superiores vigentes em suas pátrias siderais. Vieram para ajudá-los a superar-se e vencer as primeiras dificuldades encontradas no novo ambiente natural, pois já haviam superado havia muito tempo as intempéries encontradas nas suas pátrias siderais.

Esses seres mais evoluídos começaram a incrementar a

evolução de seus irmãos desgarrados ou degredados. Simultaneamente, impulsionavam o progresso evolutivo de seus irmãos do próprio campo vibratório do planeta Terra, os quais eram, em relação a eles, muito inexperientes.

Nas terras do Baratzil, foi revelado ao homem vermelho o conceito da Lei Divina e da Divindade Suprema, os quais foram bem aceitos. Foi a primeira manifestação do religare ou do retorno às coisas divinas.

Os seres da raça vermelha, ajudados e orientados por evoluidíssimos seres espirituais encarnados em seu meio, tornaram-se possuidores de uma Tradição religiosa representada muito principalmente em sua cosmogonia, a qual apontava constantemente para os "céus" já que o mesmo era meio de retorno para alguns, e de subida para os novos e de melhores rumos para a grande maioria.

Assim, no âmago da raça vermelha, já muito poderosa em conhecimentos e cultura religiosa, não raras vezes observava-se muitos deles, após suas atividades, cultuarem horas e horas os céus, numa abstração visual tão intensa que entravam em fortes transes anímicos enquanto observavam os fenômenos celestes, aos quais emprestavam caracteres divinos. Nesse período, no planeta, observava-se sem grandes dificuldades muitos fenômenos físicos luminosos vistos ainda hoje, os quais eram muito comuns naqueles tempos. Não raras vezes, a "estrela cadente", ou seja, um meteoro, em seu movimento, produzia um som que foi traduzido, por onomatopeia, como TZIL.

Para perpetuar na memória esse som, grafaram-no pictograficamente ou mesmo mnemonicamente com a cruz, que por assimilação era estrela, luz, divindade etc.

Já mencionamos anteriormente a primeira língua do homem – o abanheenga. Desse idioma, se derivou o nheengatu, a língua sagrada.

É nesses idiomas polissilábicos que encontraremos o significado exato do vocábulo Baratzil, grafado posteriormente como Brasil. No sentido profano do termo, temo-lo significando Terra das Estrelas; no sentido hierático, Terra da Luz; Guardiã da Cruz; Guardiã do Mistério da Cruz, ou Terra do Cruzeiro Divino.

Falamos várias vezes sobre a raça vermelha, que era também o portentoso tronco tupi. O termo tupi significa "Pai da terra das águas", ou seja, a "raça raiz da vida no planeta". Esse poderoso tronco dividiu-se em dois povos evoluidíssimos, os tupinambá e os tupi-guarani. Os tupinambá se radicaram no solo e Astral brasileiros, mantendo-se fiéis às Tradições do Verbo Divino, enquanto os tupi-guarani migraram para outras regiões, inclusive pelo processo da "migração das almas", indo participar ou incorporar-se a novos grupos reencarnatórios em outras partes da América, Ásia etc.

Foi então no Brasil que teve início a deturpação e a divergência do Conhecimento Total. Aqui, pois, deverá ser restaurado esse Conhecimento Total.

Alguns seres mais evoluídos da raça vermelha tiveram também importante atuação no Astral, preparando o advento de outras raças como a lemuriana, a atlante e depois a ariana. Pela sua evolução e pelo seu grau alcançado diante da Hierarquia Cósmica, são os seres da portentosa raça vermelha os "regentes de toda a humanidade". Por esse motivo, não têm encarnado no planeta Terra, pois os mesmos se encontram no Plano Astral Superior dirigindo ou orientando os destinos de nossa humanidade, ontem e hoje.

Para finalizar este capítulo, deve ficar claro que o Brasil tem, no cenário astral e moral-espiritual, responsabilidade de altíssima relevância, que é reimplantar em todo o planeta as Leis Divinas e a aplicação dessas leis em forma de amor e fraternidade. Dentro desse esquema evolutivo teremos a restauração da Umbanda, que ressurge como Movimento Umbandista desde a época do redescobrimento do Brasil. Sobre o assunto voltaremos a falar mais adiante.

Capítulo VII

SURGIMENTO DA UMBANDA OU AUMBANDAM

Há milhares de anos, quando a raça vermelha surgiu, ela recebeu em seu início seres espirituais ligados ao campo gravitacional do planeta Terra. A par desses seres espirituais, outros mais atrasados encarnaram, mas em outras regiões de terra firme (aproximadamente 1000 anos depois das primeiras encarnações no Baratzil). Isso aconteceu nas próprias terras da América, em suas regiões Central e Norte.

Como dissemos anteriormente, a raça vermelha, quando do seu surgimento no Baratzil, já trazia em seu seio uma sólida concepção sobre as Coisas Divinas. Alguns seres espirituais elevados, de grande escol, já tinham lançado algumas sementes, tanto é que eles, os da raça vermelha daquela época, conheciam os Mistérios Solares e o Messias – o Cristo Cósmico. A pura raça vermelha ficou ainda mais fortalecida quando do encarne de seres espirituais de pátrias siderais adiantadíssimas em relação ao nosso esquema evolutivo.

Quando os primeiros missionários começaram a encarnar em seu seio, fizeram sentir que, para religarem-se com as "Verdades Imutáveis", com as "Coisas Divinas", necessitariam entender que havia um Ser Supremo, e que o mesmo possuía emissários. Deveriam também entender que um de Seus mais iluminados e expressivos expoentes-emissários tinha se responsabilizado pela tutela espiritual deste "novo cenário de vida", onde deveria ser lançada a semente da Luz Espiritual que redimiria e libertaria todos os filhos da raça vermelha e outras que futuramente encarnariam neste solo de elevação e recuperação.

Futuramente, muitos fariam a emigração para planos mais elevados da vida cósmica. Assim surgiram sua teogonia, sua mística de rara beleza e suas concepções sobre a natureza física e hiperfísica. O religare, a ligação do homem da Raça Vermelha com as "Coisas Divinas", chamou-se AUMBANDAM. Esse vocábulo trino e sagrado, que mais tarde se tornaria litúrgico, mágico e vibrado, foi, é e será a bandeira do amor e sabedoria cósmicos.

É bom citar, ainda, que os seres espirituais da raça vermelha, dos tupi, tinham, além dos sentidos por nós conhecidos, dois bem superiores, totalizando sete sentidos, facultando-lhes a visão e a intuição cósmicas, sem a necessidade de terem adestrado ou magnetizado seus Corpos Astrais. Eram eles voltados às Coisas Divinas e às suas leis, sendo fiéis às mesmas. Enfim, foram os primeiros e cultuar em espírito, coração e verdade a religio vera, a proto-religião – AUMBANDAM, que pronunciavam de forma explosiva, não agressiva.

O AUMBANDAM é a síntese entrelaçada de todo o conhecimento da gnose humana (religião, filosofia, ciência e arte). O AUMBANDAM é o próprio elo de ligação vivo entre o que é espiritual com o que é do reino natural, ou seja, um sentido bem abrangente. É a porta, é o veiculo de retorno ao cosmo espiritual e ao encontro de nosso carma causal.

Quando falamos em AUMBANDAM, não estamos nos referindo ao Movimento Umbandista da atualidade. Esse movimento nada, em verdade, tem a ver com o AUMBANDAM, mas pretende restaurar o verdadeiro AUMBANDAM, ou seja a verdadeira proto-síntese cósmica. Com isso fica mais fácil entender como os seres espirituais da pura Raça Vermelha, os quais comandam todo o Astral Superior, já estavam se interpenetrando nesse Movimento Umbandista.

É por este motivo que a Corrente Astral de Umbanda trabalha, pois, nestas terras iluminadas do Cruzeiro do Sul, onde ressurgirá o AUMBANDAM.

Capítulo VIII

CISÃO DO TRONCO TUPI E AS DETURPAÇÕES DO AUMBANDAM

Vimos anteriormente que o AUMBANDAM foi revelado pela primeira vez através da pura raça vermelha (na raça lemuriana). O AUMBANDAM era o bloco uno do conhecimento do qual faziam parte a religião, a filosofia, a ciência e as artes (a proto-síntese religio-científica). Esses são os quatro pilares do conhecimento.

Para os iniciados, esses quatro pilares (quatro graus) quando assimilados e integrados, constituem o quinto grau. Quando o iniciado atinge o quinto grau, completa-se o primeiro nível e ele é iniciado nos Pequenos Mistérios. Prosseguindo, pode vencer mais dois graus e alcança a iniciação total (iniciado nos Grandes Mistérios).

Voltando à raça vermelha, eram os iniciados nos Grandes Mistérios que formavam o corpo de condutores morais-espirituais da pura raça vermelha. Assim, ela evoluiu até os mais altos patamares planetários. Os mais altos expoentes dessa raça sabiam que muitos estavam prestes a retornar às suas pátrias siderais, não mais voltando a reencarnar na Terra.

Esses grandes condutores deixaram sólidos conceitos espirituais, filosóficos, científicos e artísticos (a proto-síntese cósmica, o AUMBANDAM). Para os mais adiantados da Raça Tupi, o vocábulo AUMBANDAM teve o sinônimo Macauam, que gerou Anauam. Os Tubaguaçus (pais da raça), resolveram naquela época velar as Tradições Cósmicas, que mais adiante foram totalmente deturpadas. Prevendo essas deturpações, começaram a compilar e guardar todo o Conhecimento em seus centros iniciáticos, até então abertos a todos. Esse Conhecimento foi guardado pelos doze mais velhos, ou os doze anciãos guardiões de toda a síntese.

Assim, foram preparadas 78 placas de nefrita verde, onde foi inscrita toda a Tradição do conhecimento humano. Essas 78 placas constituíram as duas sínteses. As primeiras 21 placas estavam relacionadas com a proto-síntese cósmica; seriam os Ensinamentos Superiores (Arcanos Maiores) e as 57 placas restantes constituíam as placas que estavam relacionadas com a proto-síntese religio-científica, seriam os Ensinamentos Menores (Arcanos Menores). As placas grafadas no alfabeto Abanheenga foram enterradas em pleno Planalto Central brasileiro.

Essa Tradição Una do Conhecimento (a proto-síntese cósmica), ficou conhecida como Tuyabaé-Cuaá – a Tradição dos Velhos Payés (doze anciãos).

MAS COMO OCORREU A DETURPAÇÃO DO AUMBANDAM?

O planeta Terra era um planeta novo e em franco desenvolvimento, fazendo com que vários "filhos desgarrados do Universo" aqui encontrassem a regeneração e evoluíssem. Além desses, havia também os renitentes ou marginais do Cosmo, os quais, como piratas siderais, invadiam sempre que podiam vários sítios do Universo. No caso da Terra, o Cristo Jesus abrigou em seu seio todos os desgarrados, e não colocou obstáculos para que os de boa-vontade e os sedentos de justiça e reconciliação aqui encontrassem refúgio e instrução.

Esses seres conseguiram, tais quais ervas daninhas, infiltrar o egoísmo, ódio, ciúme, inveja e a intriga, próprio dos seres espirituais atrasados. Esses seres serviram de pontes para a penetração, em suas mentes já doentes, dos marginais cósmicos. Esse processo permitiu uma séria oposição aos princípios da proto-síntese cósmica, o AUMBANDAM, se consubstanciando em uma reação chamada KIMBANDAN ou KIMBANDA (o oposto da Lei). Esses fatos aconteceram nos estertores da raça vermelha, que já estava com sua dinâmica encarnatória reduzida ao mínimo. Já no final da raça atlante vamos encontrar os remanescentes da pura raça vermelha, principalmente os do tronco tupi, os tupinambá e os tupi-guarani, que já não correspondiam à pura raça vermelha.

Antes de cessar a reencarnação da raça vermelha pura no seio dos tupi, estavam eles na seguinte condição: os tupinambá eram mais fiéis à Tradição, através de seus payés, e os tupi-guarani guardavam menos a Tradição. O tronco tupi então se bifurcou. Os tupinambá não saíram do Baratzil, permanecendo em suas regiões Central, Sul e Sudoeste e velaram as Tradições e as Terras Sagradas do Cruzeiro Divino. Foram os guardiões das 78 placas de nefrita verde.

Os guarani, pelo seu teor nômade e conquistador, migraram através do Baratzil, dirigindo-se para a América do Sul, invadindo a região do Prata e subindo para a região da América Central e do Norte. Essas migrações não eram feitas só por via humana, mas também, pela via do reencarne (migrações espirituais).

Através dessas migrações espirituais, encarnaram no seio dos maias, incas, quíchuas e astecas. Nessa época, os Tubabaguaçus já não mais encarnavam. Os guarani não tinham então força para fazer com que esses povos onde eles reencarnavam conseguissem abstrair a Tradição, pois ela já havia de muito sido deturpada pelo desuso de suas faculdades superiores. Essas faculdades superiores eram utilizadas apenas por raros iniciados e que não eram ouvidos pelo Conselho tribal.

Partindo dos quíchuas e dos maias, vamos encontrar os primeiros índios da América do Norte, onde fica hoje o México e o sul dos Estados Unidos, os navajos, que a posteriori deram origem aos sioux. Onde reencarnavam, os guarani levavam evolução porém, a Tradição Oculta já estava completamente deturpada.

Através dessas migrações, os guarani atingiram o Oriente e chegaram à China, Mongólia, Índia, Nepal e Tibet, influenciando a civilização que florescia, chegando a influenciar a raça negra, que era originária da Ásia. Chegaram até o Himalaia (Casa das Neves). Simbolicamente, essas "neves" irão funcionar como "refletoras da Luz", ou seja, a luz que veio do Ocidente iluminou o Oriente e retorna ao Ocidente (Planalto

Central Brasileiro). Assim funciona o Himalaia como "refletor da Luz", ou seja, dos Conhecimentos e da Tradição, que nessa época encontravam-se nos livros sagrados da índia de Rama, Krishna, Buda, no Rigveda e Upanishades.

A esse tempo, os tupinambá observavam, do ponto de vista espiritual, que essa fuga e essa miscigenação dos tupi-guarani estavam pervertendo ainda mais o Conhecimento Uno. Resolveram, então, reencarnar no seio da África em grandes povos, como os egípcios, que eram remanescentes dos atlantes. Os tupinambá, em um monumental evento planetário, transplantam para o Egito o Conhecimento, grafado nas 78 placas de nefrita verde e que os egípcios grafaram em 78 placas de ouro.

No Egito, essa Tradição Oculta foi chamada de Tarô e Kabalah. O Tarô velou um pouco mais a Tradição Oculta, sendo desdobrado em duas formas (57 Arcanos Menores e 21 Arcanos Maiores) e que, a posteriori, Moisés transformou em 56 Arcanos Menores e 22 Arcanos Maiores, somente porque seu alfabeto, o hebraico, tinha 22 letras.

Dessa forma, criou-se uma confusão ainda maior no Oriente e no Ocidente. Hoje, infelizmente, muitas escolas iniciáticas guardam e ensinam a seus adeptos essa Tradição completamente adulterada e deturpada e ajeitada a critério de seus dirigentes. Moisés ajeitou e ajustou a Tradição, através de uma nova chave de interpretação, ao seu povo. Na verdade, ele sabia que a proto-síntese cósmica era composta de 57 Arcanos Menores e 21 Arcanos Maiores.

Os Tupinambá resolveram também reencarnar na Índia e para lá levaram a Tradição. Reencontraram os tupi-guarani que lá estavam encarnados, ocorrendo assim, a fusão dos dois grupos de há muito separados pelas cisões da ordem religiosa, social e política. Nessa época, a Tradição Oculta é sintetizada pela Ordem Yoshirá (conhecida como Ordem de Osíris) e pela Ordem Yoshi (conhecida como Ordem de Ísis), cujos templos situavam-se em Mênfis, Tebas e Almarak.

Nessas ordens é importante a atuação dos grandes sacerdotes, originários do primitivo tronco tupi. No Egito, grande parte da Tradição permaneceu oculta e acabou por se perder.

Mesmo assim, o Egito influenciou de forma significativa toda a África, principalmente o povo bantu (Congo, Angola e Cassande), que mais tarde retornaria ao Brasil, através do processo escravagista.

Devemos acrescentar, ainda, que no Oriente os Tupi-guarani reencontraram-se com a Lei, através dos seus sábios condutores, que agora novamente, embora de forma lenta, retomavam o comando e construíram um povo dócil, evoluído e mantedor das Tradições da Lei. No plano Astral Superior, os ancestrais da pura raça vermelha muito lutaram para que os tupi-guarani reencontrassem o seu verdadeiro caminho. Esse bravo povo muito penou e perambulou antes de alcançar novamente a linha justa.

Os próprios tupi-guarani provocaram essas dissensões e por isso eram responsáveis pelos choques ocasionados e que são sentidos até os dias de hoje. Assim, até hoje, lutam bravamente, sem tréguas, na esperança de verem restaurado o AUMBANDAM.

Capítulo IX

MOISÉS E O ADVENTO DO CRISTO PLANETÁRIO

Como vimos em capítulos anteriores, os tupi-guarani através de suas migrações deturparam o AUMBANDAM. Quando essa deturpação atingiu um nível insuportável, o Astral Superior resolveu que eles deveriam retornar ao seio de onde um dia tinham saído, o Baratzil.

Para isso, o Astral Superior fez com que surgisse (ressurgisse) o monoteísmo. Uma primeira tentativa surgiu no Egito com o Faraó Akenaton, mas quem fez ressurgir de fato o monoteísmo foi um sacerdote iniciado nos templos sagrados do Egito e que mais tarde iria reunir as 12 tribos judias. Estamos falando de Moisés, cujo nome iniciático era Assarssif, e que era genro de Jetro, poderoso sacerdote do povo de Midiam, que foi um dos principais mentores de Moisés.

Moisés formulou ao povo hebreu a proto-síntese cósmica, chamando-a de Kabalah, que para eles significava "a potência dos 22". Em sentido hierático, Kabalah significava "a guardiã da Lei Divina". Como vimos no capítulo anterior, Moisés velou ao seu povo a verdadeira Tradição, pois além de chamar a Tradição de Kabalah, dividiu-a em Arcanos (22 Maiores e 56 Menores) deturpando, assim, a verdadeira Tradição.

Moisés reuniu as doze tribos e retirou-se para o deserto. Esses povos, mais tarde, se espalhariam por toda a Europa, também levando a Palavra Divina, a Lei – a Torah. Esse povo que saiu do Egito com Moisés era descendente dos celtas, o que mostra que eram judeus, porém não eram semitas.

Anteriormente a Moisés, Rama e Krishna já haviam velado a proto-síntese. Rama a velou no Templo, enquanto Krishna, apesar de velar a proto-síntese, dava um ensinamento popular através do mito e do véu, deliberadamente colocado sobre certos pontos-chave. Moisés procedeu da mesma maneira, só que popularizou certos aspectos da proto-síntese, transmitindo-a através de um inflexível monoteísmo.

Moisés preparou uma nova fase para o Planeta. Preparou o importante advento do Senhor e augusto Oxalá – O Cristo Jesus.

Outros iluminados, tais como Fo-Hi, Lao-Tsé, Buda, Pitágoras e tantos outros prepararam o advento do Cristo (O Deus Planetário). A vinda de Jesus, sem dúvida, foi um grande marco evolutivo. A sua vinda foi preparada durante milênios. Assim como outros da Hierarquia Crística, sua descida foi marcada por grandes convulsões, ocorrendo um grande balanço cósmico, possibilitando um sem número de transformações morais e espirituais. Quando o Cristo desceu, visava restaurar o AUMBANDAM, a religio-vera, de que Santo Agostinho tanto falava.

O Cristo Jesus nasceu no seio do povo hebreu, pois havia sido o único a levar em caráter popular o monoteismo, um grande avanço para a humanidade, que vivia se arrastando e subjugando-se a deuses sanguinários e inimigos do homem. O Cristo foi levado à cruz simbólica (embora houvesse mesmo uma cruz), onde foi pregado e seu sangue derramado significando com isso, que o sacrifício do Deus Planetário na Cruz, era uma forma de reaver os Princípios que estavam fragmentados. Na verdade, o grande sacrifício de Jesus foi sua encarnação terrestre.

Percebemos então, que a cruz apresenta o significado interno (esotérico) para poucos, e o significado externo (exotérico) para as massas, que possuem diferentes níveis de consciência. A própria inscrição na Cruz, mostra esses dois aspectos. A inscrição I.N.R.I., para as massas significava "Jesus Nazareno Rei dos Judeus". Porém seu significado verdadeiro é bem diferente, e pode ser expresso de várias maneiras:

I-NRI – Ele, a Humanidade.

I-NARA – Ele, a Alma do Universo.

I-NA-RA-YA – O "Verbo Divino" ou "o Deus entre os homens" (Sânscrito).

O sacrifício do Cristo foi então um grande passo, o cristianismo. Esse cristianismo (não confundir com catolicismo) que Roma não conseguiu assimilar devido à corrosão e corrupção morais que assolavam o seu império. Roma teve tudo para reunir o conhecimento das Tradições, porém, levados pelo orgulho, pelo sexo, pela vaidade e pelas coisas fúteis, se perderam nas conquistas temporais, esquecendo as conquistas definitivas. Entre os gregos tivemos grandes almas, mas que não encontraram eco em um povo vaidoso e que se achava dono do mundo. Suas grandes preocupações eram a sua pseudocultura e as guerras fratricidas entre espartanos e atenienses.

Os africanos completamente dominados, encontravam-se em total decadência, principalmente os povos de pele negra, cuja origem é asiática. Incursionaram para a África, onde foram poderosos em suas civilizações, adiantadíssimos em plena era da raça vermelha. Pregavam a proto-síntese cósmica, que haviam recebido dos povos da raça vermelha, através dos egípcios. Com o passar do tempo, essa Tradição foi deturpada e corrompida e completamente esquecida.

O povo amarelo, apesar das fortes tradições de Fo-Hi, Lao-Tsé, Sidarta Gautama, também não conseguiu atingir os verdadeiros objetivos espirituais, porém seus condutores estão filiados às Ordens das Santas Almas do Cruzeiro Divino e também reencontraram a Síntese.

A raça branca, dita cristã, ainda se arrasta nos convencionais cultos exteriores, em desacordo com os ensinamentos do Cristo Jesus – o Oxalá. Esses desacordos tiveram início quando ocorreu a cisão judaico-cristã e até hoje podemos ver alguns cultos ditos cristãos que se atacam mutuamente.

Depois destas considerações, o leitor poderá perguntar: E a restauração do AUMBANDAM? Como é possível, com tantos desregramentos, desmandos e deturpações? No próximo capítulo, veremos como o Astral Superior planejou o irreversível ressurgimento do AUMBANDAM nas Terras do Cruzeiro Divino – o Baratzil.

Capítulo X

DA PENÍNSULA IBÉRICA PARA O BARATZIL

Vamos avançar um pouco mais no tempo, mais precisamente para o último quartel do século XIV. As Cruzadas, guerras incompreensíveis com intuitos comerciais e de conquistas territoriais, acabavam de ensanguentar o mundo cristão, em nome de Jesus.

Jesus percebe que o coração dos homens ainda se encontra impregnado do orgulho, egoísmo, ingratidão e vaidade. De Francisco de Assis haviam restado apenas as tradições de carinho e amor.

Após essa guerra, o bondoso Mestre convoca, através de Ismael (Princípio Fluídico da Divindade), um de Seus emissários diretos da raça vermelha, já bastante habituado aos problemas sociais do planeta Terra. Determina Jesus a esse abnegado mensageiro, de nome Helil, que reencarne no seio do povo mais humilde e trabalhador do Ocidente de então (Portugal). Helil deveria abrir os caminhos que levariam os intrépidos navegadores ao outro lado do Atlântico.

Em 1394, na cidade do Porto, nasce o filho de Dom João I e Dona Filipa de Lencastre, que recebeu o nome de Henrique (o vitorioso Infante de Sagres). A ideia de difundir o cristianismo e de reatar a tradição de defesa do mesmo contra o islamismo reforça seu combate (1415), quando contava com apenas vinte e um anos. Depois da conquista de Ceuta, em 1417, passou a se dedicar ao desenvolvimento dos trabalhos náuticos, estabelecendo-se no Algarve, na ponta de Sagres, onde funda a Escola Naval de Sagres e através dela possibilitou a expansão de Portugal e Espanha além-mar.

Dom Henrique desencarnou em 1460, na Vila do Infante, com grandes créditos em relação à tarefa assumida. Deixou o litoral africano explorado até o Cabo das Palmas. Henrique, o grande navegador, nunca tomou parte em nenhuma grande viagem marítima.

Novamente no Astral, Helil procura influenciar, através de suas falanges, Dom Duarte, o povo de Castela e Dom João II que apresentava aspirações semelhantes às suas. Dom João II desencarna em 1495, vítima dos agentes do baixo astral. Porém, a Escola de Sagres estava fundada em sólidas bases espirituais e, no reinado de Dom Manuel I, vários navegadores saem de Lisboa rumo ao Baratzil. Para os grandes navegadores saídos da Escola de Sagres (eram, na verdade, antigos navegadores fenícios), a existência do Baratzil não era assunto desconhecido, pois o grande Infante deixou transparecer, por várias vezes, o conhecimento de terras que havia contemplado.

Visando a uma expansão marítima, claro que orientado por elevados mentores da "Confraria dos Espíritos Ancestrais", Cabral parte do Tejo em 7 de março de 1500, atingindo as costas brasileiras em meados de abril. Cabral e sua gente são recebidos pelos naturais como irmãos. A cruz nas caravelas era um símbolo já conhecido daquela gente.

Nesse instante ocorre um verdadeiro "balanço cósmico", onde se reuniram novamente os povos. O Baratzil seria um Miniuniverso que abrigaria brancos, negros, vermelhos e amarelos, e assim aconteceu.

Inicialmente, a "nova terra" recebeu o nome de Santa Cruz. Este nome foi mudado para Brasil, com a anuência de Ismael (o zelador da Terra do Cruzeiro). A nova expressão tinha o objetivo de resguardar a pátria do Cruzeiro dos perigos da Inquisição, pois em nome da Santa Cruz muitas atrocidades poderiam ser cometidas. O leitor já viu, no capítulo VI, o significado de Brasil. Para velar um pouco mais as Tradições, o Astral deixou transparecer que o nome era devido à abundância da madeira vermelha (Pau-Brasil).

Contando com a proteção e a Luz dos enviados de Jesus, Portugal, embora preocupado com as riquezas das Índias, conseguiu através de três séculos conservar, contra os invasores, a unidade territorial de uma pátria de oito milhões e meio de quilômetros quadrados com oito mil quilômetros de orla marítima. Só o Brasil conseguiu manter a sua unidade na América, pois o Coração do Mundo não podia ser fragmentado.

Os brancos, recém chegados à Terra de Santa Cruz, encontraram um povo já em decadência, o indígena nativo (degeneração dos tupinambá e tupi-guarani). Em pleno século XVI, os africanos aportados aqui, em comunhão com esses nativos, firmaram na luta pela liberdade os seus sentimentos e desejos, através de seus ritos religiosos-mágicos degenerados.

Alguns africanos, que tinham no seu carma alguma coisa a ser "queimada", resolveram vir como missionários e vieram através da escravidão, em pesadas algemas do cativeiro. O branco veio carreando o seu conhecimento e o conhecimento do amarelo. Nada melhor para fazer ressurgir as três raças do planeta (as 3 em 4). A raça vermelha em decadência (pois a pura raça vermelha estava no Astral), a raça negra no cativeiro e a branca no cativeiro maior da ignorância, pois eram cristãos novos.

Tem início assim um processo, através das três raças, que visa restaurar o AUMBANDAM através do Movimento Umbandista.

Ao final deste capítulo, vale a pena citar um fato que não pode passar desapercebido. Muitas vezes, as caravelas lusitanas provenientes de Calicut traziam consigo grande número de exilados e aventureiros. Muitos deles foram abandonados no extenso litoral brasileiro inexplorado e desconhecido, ao fluxo das inspirações do Astral; essas criaturas vinham como batedores humildes, à frente dos trabalhadores que, mais adiante, chegariam às terras novas.

XI

FREI GABRIEL MALAGRIDA – O JESUÍTA

Neste capítulo vamos avançar um pouco mais no tempo e nos localizar no século XVII, para falarmos sobre uma figura marcante no ressurgimento do Movimento Umbandista, no final do século XIX e início do século XX.

No ano de 1689, às margens do rio Como, na vila de Monagio, nascia um menino que na pia batismal recebia o nome de Gabriel Malagrida. Gabriel (cujo nome significa "As Vozes Harmoniosas de Deus") era um representante da pura raça vermelha, enviado pelo Astral Superior para realizar tarefas importantes na Terra do Cruzeiro Divino. Mais adiante foi identificado como Caboclo das Sete Encruzilhadas, um dos responsáveis pelo ressurgimento do Movimento Umbandista.

Desde cedo Gabriel demonstrou tendências místicas. Entrou para o seminário de Milão onde foi ordenado e professou na Companhia de Jesus em 1711. Gabriel desejava cumprir sua missão no Brasil, porém Tamborini, o Geral da Companhia de Jesus, havia lhe reservado a cadeira de Humanidades no Colégio de Bastis, na Córsega. Mais tarde conseguiu se transferir para Lisboa, em 1721, onde depois de algum tempo conseguia embarcar para o Maranhão.

Nessas terras, Gabriel pregou internando-se no sertão, enfrentando sérios perigos e vencendo com a fibra de quem se julgava destinado a cumprir uma missão superior no planeta, uma missão de conquistar almas para o céu. Apresentava evidentes sintomas mediúnicos, ouvindo vozes misteriosas e chegou mesmo a pensar que operava milagres.

Em 1727 começou a árdua tarefa de catequisar os índios no Maranhão, conseguindo nessa mesma ocasião amansar a feroz tribo dos barbassos. Fundou no Maranhão uma missão que teve grande desenvolvimento, sustentando uma peregrinação apostólica. Foi em seguida, em 1730, para a Bahia e Rio de Janeiro, onde continuou a pregar, alcançando grande ascendência sobre os índios. Apareceu então, convertido no apóstolo do Brasil. Dizia que conversava com Deus e que lhe aparecia a Virgem Maria, e para completar seus feitos, descrevia os "milagres" que operava.

Em 1749 partiu para Lisboa, onde foi recebido com fama de santo por muitos fiéis. Nessa época Dom João V se encontrava muito doente e Gabriel, a seu pedido, o assistiu nos seus últimos momentos.

Em 1751 retornou ao Brasil, onde ficou até 1754, ano em que foi chamado a Lisboa pela rainha dona Mariana da Áustria. Encontrou no poder Sebastião José, o terrível Marquês de Pombal, que não permitiu sua presença por muito tempo junto à rainha. Por esse motivo, Gabriel se isolou durante algum tempo em Setúbal.

No dia 1 de novembro de 1755, Lisboa foi destruída por um terremoto. Correu o boato de que a catástrofe era castigo do céu. Pombal mandou publicar um folheto escrito por um padre, explicando o fenômeno e as causas naturais que o determinaram. Gabriel apareceu em público com um opúsculo, onde procurava corrigir o teor da publicação. Nesse opúsculo, Gabriel afirmava que o terremoto era verdadeiramente um castigo do céu. Pombal, enfurecido, mandou queimar o opúsculo e desterrou Gabriel para Setúbal.

Em setembro de 1758, ocorreu um atentado contra a vida de Dom José. Algumas semanas antes, Gabriel havia escrito uma carta ameaçadora ao Marquês de Pombal. Gabriel foi preso, em 11 de dezembro, como responsável pelo atentado e encarcerado nas prisões do Estado. Pombal vasculhou seus livros e nessa oportunidade lhe atribuiu passagens que pareciam pouco ortodoxas, e foi entregue à Inquisição.

Gabriel foi condenado a pena de garrote e fogueira, sendo executado na Praça do Rossio em 21 de setembro de 1761.

Gostaríamos de esclarecer ao leitor que os itens básicos deste capítulo foram relatados pelo próprio Caboclo das Sete Encruzilhadas a Lilia Ribeiro, jornalista que fez diversas entrevistas com Zélio de Moraes, Caboclo das Sete Encruzilhadas e Pai Antonio. Uma comprovação destes fatos pode ser encontrada na Biblioteca de Amsterdam, onde existe uma cópia do seu famoso processo, traduzida da edição de Lisboa. Nesse processo pode-se ler que Malagrida foi acusado de feitiçaria e de manter pacto com o diabo que lhe havia revelado o futuro!... A profecia comunicada pelo "inimigo do gênero humano" ao jesuíta, está concebida nos seguintes termos:

"O réu confessou que o demônio, sob a forma de Virgem Maria, lhe tinha ordenado a escrever a vida do Anticristo; que havia de existir, a bem dizer, três Anticristos sucessivos, e que o último nasceria em Milão, da sacrílega união entre um frade e uma freira, etc."

Como o leitor pode perceber, essa é apenas uma das muitas manchas deixadas pelo Poder Escarlate durante vários séculos. A célebre Companhia de Jesus de Ignácio de Loyola foi um dos muitos veículos da nefanda "Santa Inquisição". Os missionários dessa Companhia radicados no Brasil estavam muito longe das criminosas disputas em que se empenhavam seus irmãos no outro lado do Atlântico.

Como exemplo, podemos citar as portentosas tarefas de dois enviados do Astral Superior (da pura raça vermelha) nas terras do Baratzil. A valiosa atuação de José de Anchieta e Manuel da Nóbrega é conhecida de todos nós.

Apesar de tudo isso, esses enviados, que estavam ligados à Companhia de Jesus, sofreram incessante perseguição, tão logo se apossou do governo português o famoso ministro Pombal (agente do baixo astral). Quando, em 3 de setembro de 1758, Dom José (5º Rei da Dinastia de Bragança) foi alvejado a tiros de bacamarte (espécie de pistola antiga) partidos de um grupo de pessoas desconhecidas, Pombal aproveitou o ensejo que se lhe ofereceu para justificar a expulsão dos jesuítas (que muito o incomodavam), apontando-os como autores do atentado. Dom José assina sem hesitar o decreto de banimento.

Para finalizar este capítulo, podemos citar que Gabriel Malagrida reencarnou no Brasil (talvez para se refazer da árdua encarnação como jesuíta) se preparando para a importante missão que lhe estava reservada dentro do Movimento Umbandista no século XX, como Caboclo das Sete Encruzilhadas.

Capítulo XII

ALLAN KARDEC E A CODIFICAÇÃO DA DOUTRINA DOS ESPÍRITOS

Caro leitor, já mencionamos anteriormente que a raça branca, dita cristã, ainda se arrasta no convencionalismo do culto exterior, em desacordo com os ensinamentos do Cristo Jesus. Vários cultos, ditos cristãos, atacam-se mutuamente, afastando-se dos verdadeiros ensinamentos do Astral Superior.

A Igreja Católica Apostólica Romana "lidera" um rebanho doente e também seus pastores estão infectados pelas doenças derivadas do poder temporal, e necessitam dos poderosos antibióticos do sofrimento e do ranger dos dentes. O grande rebanho católico está acéfalo.

Lutero e Calvino, de forma contundente, cindiram a Igreja Católica Romana, sendo fundadores de cultos cristãos melhorados, embora distantes da real pureza do primitivo cristianismo. Todas as demais derivadas cristãs, ligadas ao ensino da Bíblia, não cogitam e até discutem sério quando lhes falam de reencarnações e outros fenômenos, que para muito breve serão explicados pela ciência oficial.

No final do século XVIII, a Revolução Francesa marca na História a liberdade para o homem. Na metade do século XIX, tivemos uma grande revolução nos cultos ou seitas tidas como cristãs. Veio-nos da Europa, da França, a codificação da Doutrina dos espíritos, por Allan Kardec.

Os fenômenos espíritas existiam desde todos os tempos, porém os espíritas ingleses e americanos costumam indicar, como data inicial do movimento moderno, 31 de março de

1818, que assinala o episódio mediúnico de Hydesville, vilarejo típico de New York, através das irmãs Fox. Entretanto, é com Allan Kardec que esses fenômenos passam a ganhar credibilidade.

Allan Kardec era o pseudônimo do Sr. Hippollyte Léon Denizard Rivail, que nasceu em Lyon em 1804, onde seu pai era juiz. Em 1850, quando as manifestações espíritas americanas chamavam a atenção na Europa, Allan Kardec investigou o assunto através de duas filhas de um amigo e outros médiuns.

Nas comunicações obtidas recebeu a informação de que "Espíritos de uma categoria muito mais elevada do que aqueles que se comunicavam através das duas jovens médiuns tinham vindo especialmente para ele, e queriam continuar a vir, a fim de lhe permitir desempenhar uma importante missão religiosa".

Ele controlou isto escrevendo uma série de perguntas relativas aos problemas humanos e, submetendo-as às supostas inteligências operantes, por meio de batidas e da escrita com a prancheta, recebeu respostas sobre as quais baseou o seu sistema de espiritismo.

As mensagens recebidas por Allan Kardec foram publicadas em 1856, com grande sucesso, no célebre *O Livro dos Espíritos*. Em 1864 publicou *O Evangelho Segundo o Espiritismo*; em 1865, *O Céu e o Inferno* e em 1867, *A Gênese*. Foi responsável também pela criação da *Revista Espírita*, jornal mensal que ainda existe na França e no Brasil.

Kardec teve como mérito maior o trabalho de compilação de caráter externo, visando o soerguimento moral da grande massa que se arrastava presa a conceitos estáticos sobre o nascimento e morte, reencarnação, mediunismo, planos de evolução e lei cármica (por ele chamada de causa e efeito). O corpo astral foi identificado para esses cristãos novos e outros que se diziam cristãos. Chamavam o corpo astral de perispírito. No Governo do Mundo, surgiu o kardecismo não como uma nova revelação, mas sim como uma compilação popular, para a grande massa, dos conceitos expostos anteriormente.

Várias figuras importantes deram sustentação ao kardecismo. Podemos citar entre eles William Crookes, Charles

Richet, Sir Oliver Lodge, Professor Jung, Sir William Barret, Ernesto Bozzano, Léon Denis, Camille Flammarion, César Lombroso, Eusapia Palladino e Bezerra de Menezes. No entanto, não podemos esconder que sem seu vulto maior, o espiritismo não teria conseguido se firmar no Brasil e no exterior. Estamos falando, é claro, do "grande enviado da pura raça vermelha", o nosso querido Francisco Cândido Xavier, que revolucionou a doutrina compilada por Kardec, juntamente com Emmanuel (Manuel da Nóbrega), André Luiz (importante médico brasileiro) e Humberto de Campos (escritor consagrado da literatura brasileira).

O Brasil recebeu como herança do período colonial uma formação católica. A pressão exercida pelo "Poder Escarlate" não permitia a livre manifestação dos seguidores de outras crenças religiosas ou de livres pensadores.

Na segunda metade do século XIX, encontramos os senhores do café tendo à sua disposição os vastos recursos proporcionados pela multiplicação das imensas fortunas obtidas com a lavoura do café. Surgiram então os novos ricos, que se regalavam com viagens em confortáveis vapores aos mais importantes centros culturais e recreativos da Europa, em particular Paris, que era na época o maior centro cultural do mundo.

A sociedade brasileira absorveu rapidamente todas as novidades vindas da França tais como a moda, a ciência, a perfumaria etc. Uma dessas novidades eram os fenômenos espíritas. Desse modo, de início, o espiritismo foi praticado pela sociedade aristocrática, tornando-se rapidamente preconceituoso e pedante. Quem em vida não houvesse sido importante, não tinha o direito de se manifestar nas chamadas sessões espíritas ou "mesas brancas". Por isso, em uma mesa kardecista, um médium que incorporava um espírito que, em vida, havia sido um escravo, era de imediato convidado a se retirar da sessão, acusado de praticar "baixo espiritismo".

Os reflexos dos desmandos espíritas no século XIX fizeram- se sentir ainda mais quando uma dissidência entre seus líderes deu origem a duas correntes: os espíritas que se preocupavam apenas com as manifestações espíritas em si (eram chamados de científicos) e os kardecistas que se preocupavam mais com a parte doutrinária da religião (eram chamados místicos).

Esses acontecimentos criaram um clima hostil para a ação de Bezerra de Menezes, um dos mais abnegados trabalhadores do Astral Superior na Terra e que chegou a ser o presidente da Federação Espírita Brasileira. Bezerra de Menezes era chamado de "o médico dos pobres" e "Kardec brasileiro", devido ao seu cabedal espiritual e ao seu desprendimento material (era médico e atendia os seus clientes, na sua maioria, gratuitamente).

Atualmente, Bezerra e sua numerosa falange se manifestam em centros espíritas por este Brasil afora e, também em alguns terreiros de Umbanda com o nome carinhoso de "Pai Osvaldo".

Várias vezes Bezerra deixou transparecer seu desalento pelo emaranhado confuso de opiniões e crenças dentro do espiritismo. Lutas, dissensões, represálias, perseguições, um mundo enfim de atividades nocivas caracterizavam o movimento espírita no final do século XIX e início do século XX.

Mas é claro que os "Senhores da Aruanda" não iriam abrir espaço vibratório para mais um ineficaz e improfícuo sistema filo-religioso. Esse sistema, na verdade, vislumbrou de forma ainda empírica a necessidade da proto-síntese religio-científica e veio preparar o advento do AUMBANDAM, na Terra da Luz – o Baratzil. O kardecismo veio despertar a alma indolente para as realidades da vida que a aguardava, relembrando-lhe que a vida é eterna e que cada um colhe o que semeia. Iniciou-se o religare verdadeiro. Esse movimento teve e tem o controle direto da "Corrente das Santas Almas do Cruzeiro Divino".

Capítulo XIII

O CABOCLO CURUGUÇU E O SURGIMENTO DO MOVIMENTO UMBANDISTA

Caro leitor, já vimos anteriormente que desde primitivas eras os conhecimentos e concepções que direcionavam a vida e a evolução da humanidade eram plenamente integrados entre si e consoantes com a Lei Divina, formando a proto-síntese religio-científica. No entanto, através dos tempos, esses conceitos foram fragmentados, deturpados e perdidos, permanecendo vivos apenas no seio das Confrarias Espirituais do Mundo Astral, ou seja, no seio da própria Corrente Astral de Umbanda, e também em raríssimos Templos ou Ordens.

A Corrente Astral de Umbanda, que faz parte do Governo Oculto do Planeta Terra, achou por bem lançar mão de um movimento que viesse restaurar, gradativamente, esses conceitos, fazendo a humanidade retomar um caminho evolutivo mais reto e seguro possível. Assim, tivemos o ressurgimento do vocábulo AUMBANDAM, adaptado como Umbanda, e o surgimento do Movimento Umbandista, ocorrendo o mesmo no Brasil, que é o berço da primitiva Síntese. É por esse motivo que o ressurgimento do AUMBANDAM deve ocorrer em terras brasileiras, principalmente porque aqui se encontram plasmadas as condições mais apropriadas para tal.

Gradativamente, as Entidades integrantes da Corrente Astral de Umbanda foram, através de seus médiuns, lançando as bases do Movimento Umbandista que, em uma primeira fase, visa abarcar o maior número de pessoas, no menor espaço de tempo possível.

O final do século XIX é marcado, no Brasil, por um grande balanço social devido à libertação dos escravos e à instauração da República (teoricamente uma forma mais justa de governo), que iniciava a sua peregrinação no Brasil. A Corrente Astral de Umbanda aproveita esta reviravolta social e, por volta de 1889, lança o vocábulo Umbanda em vários pontos do país. A essa altura o mediunismo já invadira os cultos deturpados e miscigenados entre os indígenas e os escravos africanos.

O vocábulo Umbanda foi lançado, em geral, em locais pouco frequentados. Quando não, diziam as entidades atuantes que a Umbanda era um movimento novo, que iria se espalhar por todo o Brasil, trazendo esperança, secando lágrimas, espargindo compreensão, amor, acendendo a Fé, centelha divina que de há muito se apagara em muitas infelizes criaturas. Iniciou-se então um movimento silencioso, mas contínuo da Luz contra as Sombras, dos Magos da Face Branca contra os Magos da Face Negra.

Muitos umbandistas costumam citar (nós inclusive já fizemos isso, anteriormente) o advento do Caboclo das Sete Encruzilhadas como sendo o marco oficial da Umbanda. No próximo capítulo mostraremos ao leitor a importância desse advento, ocorrido em 1908, e por que não deve ser considerado um marco oficial e sim, um marco oficioso.

Alguns anos antes desse evento, muitas entidades já se manifestavam, aqui e ali, trazendo as primeiras sementes da Umbanda e preparando o importante advento do Caboclo das Sete Encruzilhadas. No livro Umbanda e o Poder da Mediunidade, de W. W. da Matta e Silva, encontramos as seguintes referências em relação ao assunto:

> Em 1934 tivemos contatos com um médium de nome Olímpio de Melo, oriundo de Magé (um mulato alto, magro) que praticava "a linha de Santo de Umbanda" há mais de 30 anos (portanto, desde 1904 mais ou menos) e que trabalhava com um Caboclo dito como Ogum de Lei, com um Preto Velho, de nome Pai Fabrício e com um Exu de nome Rompe Mato.
>
> Em 1935 conhecemos também o velho Nicanor

> (com 61 anos de idade) num sítio da Linha Auxiliar denominado Costa Barros, que sempre afirmava orgulhosamente que, desde 16 anos, já recebia o Caboclo Cobra Coral e o Pai Jacob e que desde o princípio, as suas sessões "era no girado da Linha Branca de Umbanda, nas demandas e na caridade (portanto desde o ano de 1890, segundo suas afirmativas).
>
> Em 1940 conhecemos um famoso "pai de santo" denominado Orlandino Cobra Coral (nome de sua Entidade de cabeça, um Caboclo), também num subúrbio da Linha Auxiliar, em Belfort Roxo, que dizia praticar a "Umbanda Branca", já há 27 anos, portanto desde 1913. Lamentavelmente esse pai de santo suicidou-se com um tiro no peito, deixando um bilhete, onde escreveu que assim procedia, "mas não por força de pemba"... Entendam o sentido da frase os entendidos do santé... A revista "O Cruzeiro" por ocasião daquele evento, fez ampla reportagem a respeito. Isso em 1945.

Ainda em relação ao evento anterior, o leitor poderá encontrar mais detalhes no mesmo livro de W. W. da Matta e Silva. Muitos vanguardeiros receberam a tarefa ou a missão de lançar as primeiras sementes da Umbanda, a fim de que em dias futuros pudessem brotar, e seus frutos se transformassem num sistema, numa lei, numa regra, numa religião. A maioria dos eventos desses vanguardeiros não foi registrada oficialmente, ou seja, não foram destacados pelos interessados que escreviam.

Dentre esses vanguardeiros, merece destaque especial o grande enviado de Ogum, a Entidade Caboclo Curuguçu, que preparou por vários e vários anos o advento primeiro do Caboclo das Sete Encruzilhadas, que atuaria nas grandes massas populares, visando tornar popular o termo Umbanda e o culto apregoado por esse portentoso enviado de Ogum. Devemos ainda ressaltar que, no Nheengatu, o termo Curuguçu significa O Grito do Guardião.

Infelizmente pouco foi registrado sobre esse enviado de Ogum, o Caboclo Curuguçu. No entanto o jornalista Leal de

Souza (sobre o qual falaremos no capítulo XVI), umbandista "leal" e diretamente ligado à Tenda Nossa Senhora da Piedade e ao Caboclo das Sete Encruzilhadas, relatou, através de sua pena, sincera e honesta, alguns fatos relativos a essa entidade.

A seguir, transcreveremos uma importante entrevista (parte dela) de 1934, reproduzida e reafirmada em 1952 no *Jornal de Umbanda* (Órgão da União Espiritista de Umbanda do Brasil) e ainda posteriormente transcrita no noticiário "Macaia", de outubro de 1972.

Entrevista com Leal de Souza, publicada com o título de "UMBANDA – uma religião típica do Brasil."

> Leal de Souza, poeta, escritor e jornalista é um dos mais antigos umbandistas do Brasil. Dirige a Tenda Nossa Senhora da Conceição, considerada por José Alvares Pessoa, uma das Tendas mestras.
> Diz Leal de Souza:
>
> A Linha Branca de Umbanda é realmente a religião nacional do Brasil, pois que, através de seus ritos, os espíritos ancestrais, os pais da raça, orientam e conduzem sua descendência. O precursor da Linha Branca foi o Caboclo Curuguçu, que trabalhou até o advento do Caboclo das Sete Encruzilhadas, que a organizou, isso é, que foi incumbido pelos guias superiores, que regem o nosso ciclo psíquico, de realizar na terra a concepção do Espaço. Esse Espírito une a intransigência à doçura. Quando se apresentou pela primeira vez, em 15 de novembro de 1908, para iniciar sua missão, mostrou-se com um velho de longa barba branca; vestia uma túnica alva, que tinha em letras luminosas a palavra CARIDADE. Depois, por longos anos, assumiu o aspecto de um caboclo vigoroso; hoje é uma claridade azul no ambiente das tendas. A sua missão é, portanto, a de preparar espíritos encarnados e desencarnados que deverão atuar no espaço e na terra, na época futura em que ocorrerá um acontecimento da importância do advento de Jesus no mundo antigo. O Caboclo das Sete Encruzilhadas chama a Umbanda de os serviços de caridade, a deman-

da, os trabalhos para neutralizar ou desfazer os da magia negra. A organização da Linha é um primor minucioso. Espanta a sabedoria dos espíritos que se apresentam como caboclos e pretos velhos e que são tanto mais humildes quanto mais elevados. Em geral, as pessoas que frequentam as sessões não os conhecem na plenitude da sua grandeza, porque tratam do seu caso pessoal, sem tempo para outras explanações. O Caboclo das Sete Encruzilhadas, que é dotado de rara eloquência, quando se manifesta em público, costuma adaptar a sua linguagem à compreensão das pessoas menos cultas, que são consideradas como sendo as mais necessitadas de conforto espiritual. Foi esse espírito que há vinte anos, conforme ficou apurado em inquérito policial, reproduziu o milagre do Divino Mestre, fazendo voltar à vida uma moça cuja morte fora atestada pelos médicos. Pai Antonio, o principal auxiliar do Caboclo das Sete Encruzilhadas, e que baixa pelo mesmo aparelho, Zélio de Moraes, e que eu já vi discutir medicina com os doutores, é o espírito mais poderoso do meu conhecimento. A seguir, Leal de Souza referiu-se a outras entidades que baixavam em tendas de Umbanda: na Tenda São Jerônimo, há entre outros, dois espíritos de grande poder e vasta ciência que utilizam o mesmo aparelho, Anírio Bacinca: Pai João da Costa do Ouro e o Caboclo da Lua. Este, quando saiu da minha tenda para fundar a de Xangô, estava ditando a um oficial do Exército um livro sobre o "Império dos Incas". O Chefe do Terreiro da Tenda de Oxalá é Pai Serafim e seus trabalhos têm produzido milagres; baixa por Paulo de Lavois, médico como não há muitos. Pai Elias baixa pelo doutor Maurício Marques Lisboa, presidente da Tenda Filhos de Santa Bárbara. E velhíssimo e sapientíssimo. Segundo outros guias, esse espírito numa de suas encarnações, foi sumo sacerdote da Babilônia e depois papa, em Roma, para chegar como preto velho no terreiro de Umbanda. Nota-se que Pai Elias foi sumo sacerdote, mas seu aparelho não é sumo sacerdote de Umbanda. O indivíduo que se envaidecer desse título seria um doente de

> vaidade e morreria de ridículo... Catumbé, da Tenda de São Miguel, baixa por Luiz Pires: é filósofo e alquimista. Pai Vicente, que baixa pela Sra. Corina da Silva, presidente da Tenda São Pedro, na Ilha do Governador, é um espírito de saber profundo, que abrange a literatura, a filosofia de todos os tempos. Os seus trabalhos produzem efeitos miraculosos. Citei apenas alguns espíritos de meu conhecimento, pois como esses, os há em todas as tendas. Não esqueçamos que o labor desses espíritos tem duas finalidades: atrair a criatura e ensiná-la a amar e servir o próximo. Com a sua manifestação, pelo corpo dos médiuns, provam a imortalidade da alma e os benefícios que fazem, servem para elevar o beneficiário, pela meditação ao culto do amor a Deus e, portanto, à prática de suas leis.

Nos próximos capítulos abordaremos, com mais detalhes, a missão do Caboclo das Sete Encruzilhadas, Zélio de Moraes, assim como a tarefa literária e mediúnica de Leal de Souza.

Eu vem lá da Aruanda
Trazendo a Luz,
A Luz da Umbanda
Eu vem com o clarim de Ogum
Anunciar que a Umbanda vai chegar

Eu é Caboclo de Umbanda
Eu venho do Cruzeiro do Sul
Eu é Caboclo Curuguçu

Meu grito já ecoou
É a Umbanda que chegou
Meu grito ecoou
Pai Oxalá quem me mandou

Eu é Curuguçu
Da corrente de Ogum
Que aqui chegou

Capítulo XIV

ZÉLIO FERNANDINO DE MORAES E O ADVENTO DO CABOCLO DAS SETE ENCRUZILHADAS

No final de 1908, uma família tradicional do bairro de Neves, no Município de São Gonçalo, perto de Niterói, foi apanhada de surpresa por fatos considerados sobrenaturais: o jovem Zélio Fernandino de Moraes, na época com 17 anos (nasceu em abril de 1891), se preparava para ingressar na Marinha como aluno oficial, quando começou a sofrer estranhos "ataques". Esse mal estar físico e psíquico era caracterizado por posturas de um velho, falando coisas desconexas, como se fosse outra pessoa que havia vivido em outra época, ou ainda, assumindo uma forma física que lembrava um felino lépido e desembaraçado que parecia conhecer todos os segredos da natureza.

Como esse estado de coisas foi se agravando, a família recorreu ao Dr. Epaminondas de Moraes, médico da família e tio de Zélio que era diretor do Hospício de Vargem Grande.

Após examiná-lo e observá-lo durante vários dias, reencaminhou-ou à família, dizendo que a loucura não se enquadrava em nada do que ele havia conhecido, ponderando ainda que melhor seria encaminhá-lo a um padre, pois o garoto mais parecia estar endemoniado. Como acontecia com quase todas as famílias importantes da época, também havia na família Moraes um sacerdote católico. Através desse padre, tio de Zélio, foi realizado um exorcismo, sem o sucesso esperado, pois os chamados ataques prosseguiam, apesar de tudo.

Depois de algum tempo, Zélio passou alguns dias com

uma espécie de paralisia, quando de repente, levantou-se e sentiu-se completamente curado. Alguém sugeriu que "isso era coisa de espiritismo" e que era melhor levá-lo à Federação Espírita do Rio de Janeiro, em Niterói, município vizinho àquele em que residia a família Moraes. Essa Federação era dirigida por José de Souza, oficial da Marinha.

Zélio foi convidado a participar da sessão e José de Souza determinou que ele tomasse lugar à mesa. Tomado por uma força estranha e alheia à sua vontade, Zélio levantou-se e disse: Aqui está faltando uma flor. Saiu da sala, indo ao jardim e voltando logo após com uma flor, que colocou no centro da mesa. Esta atitude causou um enorme tumulto entre os presentes principalmente porque, ao mesmo tempo que isso acontecia, ocorreram surpreendentes manifestações de caboclos e pretos velhos. O diretor da sessão achou aquilo tudo um absurdo e advertiu-os, com aspereza, citando o seu "atraso espiritual" e convidando-os a se retirarem. Estava caracterizado o racismo espiritual desde aquele instante até hoje.

Novamente uma força estranha tomou o jovem Zélio e através dele um espírito falou: Porque repeliam a presença dos citados espíritos, se nem sequer se dignarem a ouvir suas mensagens? Seria por causa de suas origens sociais e da cor? A essa admoestação da Entidade que estava com o médium Zélio, deu-se uma grande confusão, todos querendo se explicar, debaixo de acalorados debates doutrinários, porém a entidade "revoltada" mantinha-se firme em seus pontos de vista. Nisso, um vidente pediu que a entidade se identificasse, já que fora notado que ela irradiava uma luz positiva.

Ainda mediunizado, o médium Zélio respondeu: Se querem um nome, que seja este: sou o Caboclo das Sete Encruzilhadas, porque para mim, não haverá caminhos fechados. O vidente interpelou a entidade dizendo que ele se identificava como um caboclo mas que via nele restos de trajes sacerdotais. A entidade respondeu então: O que você vê em mim, são restos de uma existência anterior. Fui padre e o meu nome era Gabriel Malagrida (vide capítulo XI). Acusado de bruxaria, fui sacrificado na fogueira da Inquisição em Lisboa, no ano de 1761. Mas em minha última existência física, Deus concedeu-

-me o privilégio de nascer como caboclo brasileiro.

E ainda, usando o médium, anunciou o tipo de missão que trazia do Astral: fixar as bases de um culto no qual todos os espíritos de índios e preto velhos poderiam executar as determinações do Plano Espiritual, e que no dia seguinte, 16 de novembro de 1908, desceria na residência do médium, às 20 horas, e fundaria um templo onde haveria igualdade para todos, encarnados e desencarnados. E ainda foi guardada a seguinte frase, que a Entidade pronunciou no final: Levarei daqui uma semente e vou plantá-la nas Neves onde ela se transformará em árvore frondosa (ainda hoje se comenta se o termo Neves que empregou, o foi em sentido figurado, ou se era mesmo na localidade em que Zélio e a família moravam).

Durante o desenrolar da entrevista, entre muitas outras perguntas, o vidente teria perguntado se já não bastariam as religiões já existentes e fez menção ao espiritismo. O Caboclo respondeu da seguinte forma: Deus, em sua Infinita Bondade, estabeleceu na morte o grande nivelador universal, rico ou pobre, poderoso ou humilde, todos se tornariam iguais na morte, mas vocês, homens preconceituosos, não contentes em estabelecer diferenças entre os vivos, procuram levar essas mesmas diferenças até mesmo além da barreira da morte. Porque não podem nos visitar esses humildes trabalhadores do espaço, se apesar de não haverem sido pessoas socialmente importantes na Terra, também trazem importantes mensagens do além?

Ao final, o vidente fez a seguinte pergunta: pensa o irmão que alguém irá assistir ao seu culto? Ao que o Caboclo respondeu: Cada colina de Niterói atuará como porta-voz anunciando o culto que amanhã iniciarei.

16 DE NOVEMBRO DE 1908 - A PRIMEIRA SESSÃO

No dia seguinte, na Rua Floriano Peixoto, 30, em Neves, Município de São Gonçalo, Estado do Rio de Janeiro, o Caboclo desceu. Lá estavam muitos dirigentes daquela Federação e outras pessoas que vieram a saber do acontecimento, inclusive José de Souza, e outros parentes e conhecidos da família de Zélio.

Às 20 horas, o Caboclo incorporou e imediatamente foi atender um paralítico, curando-o imediatamente. Inúmeras pessoas doentes ou perturbadas tomaram passes e muitas se disseram curadas. Logo após, o Caboclo conversou com os presentes à sessão declarando que se iniciaria, naquele instante, um novo culto em que os espíritos de pretos velhos africanos, que haviam sido escravos e que, desencarnados, não encontravam campo de ação nos remanescentes das seitas negras, já deturpadas e dirigidas quase que exclusivamente para os trabalhos de feitiçaria, e os índios nativos da nossa Terra, poderiam trabalhar em benefício dos seus irmãos encarnados, qualquer que fosse a cor, a raça, o credo e a posição social.

Em seguida, o Caboclo fez uma série de revelações sobre o que estava à espera da humanidade: Este mundo de iniquidades mais uma vez será varrido pela dor, pela ambição do homem e pelo desrespeito às leis de Deus. As mulheres perderão a honra e a vergonha, a vil moeda comprará caracteres e o próprio homem se tornará efeminado. Uma onda de sangue varrerá a Europa e quando todos acharem que o pior já foi atingido, uma outra onda de sangue, muito pior do que a primeira, voltará a envolver a humanidade

No final dessa reunião o Caboclo ditou certas normas para a sequência dos trabalhos, inclusive atendimento absolutamente gratuito, roupagem branca, simples, sem atabaques nem palmas ritmadas e os cânticos seriam baixos, harmoniosos.

A esse novo tipo de culto que se formava nessa noite, a entidade deu o nome de UMBANDA, que seria "a manifestação do espírito para a caridade". Posteriormente reafirmou a Leal de Souza que Umbanda era uma linha de demanda para a caridade. Devemos ressaltar que inicialmente o Caboclo chamou o novo culto de ALABANDA. Dois anos depois, considerando que não soava bem a sua vibração, substituiu-o por AUMBANDA, ou seja, UMBANDA. Também nesse dia 16 foi fundada uma Tenda com o nome de Tenda Espírita Nossa Senhora da Piedade, porque, segundo as palavras dessa entidade: Assim como Maria acolhe em seus braços o Filho, a Tenda acolheria aos que a ela recorressem nas horas de aflição.

Disse ainda o seguinte: Todas as entidades serão ouvidas, e nós aprenderemos com aqueles espíritos que souberem mais e ensinaremos àqueles que souberem menos e a nenhum viraremos as costas e nem diremos não, pois esta é a vontade do Pai.

A seguir mostramos um ponto cantado, recebido por Mestre Arapiaga, em maio de 1990, que reflete a dimensão da Missão do Caboclo das Sete Encruzilhadas:

Cheguei, cheguei com Deus
Lá de Aruanda
Trazendo a Luz da Umbanda
Cheguei, cheguei com Deus
Trabalhador da madrugada
Eu é Caboclo das Sete Encruzilhadas

Havia na Tenda Nossa Senhora da Piedade um médium vidente, com certos dotes artísticos, e que retratou o Caboclo das Sete Encruzilhadas em um quadro que reproduzimos em seguida.

PAI ANTONIO CURADOR

Segundo testemunhas idôneas, ainda nessa mesma noite, de 16 de novembro de 1908 baixou um preto velho auxiliar, de nome Pai Antonio, um portento de sabedoria e de força espiritual. Quando essa Entidade se manifestou, parecia estar pouco à vontade frente a tanta gente, e recusando-se permanecer na mesa, onde se dera a incorporação, procurava passar despercebido, humilde, aparentando alta idade e apresentando o corpo curvado, o que dava ao jovem Zélio um aspecto estranho, quase irreal. Essa Entidade logo despertou profundo sentimento de carinho e bem estar entre os presentes.

Perguntado, então, porque não se sentava a mesa, com os demais irmãos, respondeu: Nêgo num senta não meu sinhô, nêgo fica aqui mesmo. Isso é coisa de sinhô branco i nego deve arrespeitá. Era a primeira manifestação desse espírito iluminado e que diante da insistência dos irmãos encarnados disse: Num carece preocupá não, nêgo fica nu toco que é lugá di nêgo. Essa atitude dessa sábia e portentosa entidade tinha a finalidade principal de incutir, desde o início, a humildade nos presentes. Procurava, assim, demonstrar que se contentava em ocupar um lugar mais singelo, mostrando que poderia se adaptar a qualquer situação, e que os futuros templos de Umbanda não precisavam ser palácios e fortalezas de mármore e ouro.

A tentativa de transmitir a humildade continuou através de respostas bem simples e que não mostravam a real condição espiritual e sabedoria desse valoroso enviado do Astral Superior. Perguntado como havia sido sua morte física disse que havia ido à mata apanhar lenha, sentiu alguma coisa estranha, sentou-se e nada mais se lembrava.

Sensibilizado com tanta humildade alguém lhe perguntou respeitosamente, se ele sentia saudade de alguma coisa que havia deixado na Terra. Pai Antonio respondeu então: Minha cachimba, nêgo qué o pito que deixou no toco... Manda mureque buscá. Era a primeira vez que algum espírito pedia alguma coisa material, o que causou grande espanto nos presentes. Era uma forma de introduzir o ato de fumar cachimbo, pelos pretos velhos incorporados, o que nós sabemos hoje ser usado para limpeza astral dos médiuns e consulentes. Do mesmo modo, os caboclos passaram a usar charutos, com a mesma finalidade. Desse fato surgiu um ponto cantado que ainda hoje é utilizado em vários terreiros:

No alto da derrubada
Minha cachimba ficou lá
Minha cachimba tá no toco
Manda mureque buscá

O ponto que mostraremos a seguir, mostra que Pai Antonio conhecia medicina (chegou a debater várias vezes com alguns médicos) e que uma das suas principais ordens e direitos era a cura espiritual dos consulentes merecedores:

Dá licença, Pai Antonio
Que eu não vim lhe visitar...

Eu estou muito doente,
Vim prá você me curar
Se a doença for feitiço
Pulará em seu Gongá,
Se a doença for de Deus
Pai Antonio vai curar

Mostramos também um quadro de Pai Antonio feito pelo mesmo médium vidente que retratou o Caboclo das Sete Encruzilhadas.

Pintura retratando o Caboclo das Sete Encruzilhadas, através do médium vidente Jurandyr, em 1949.

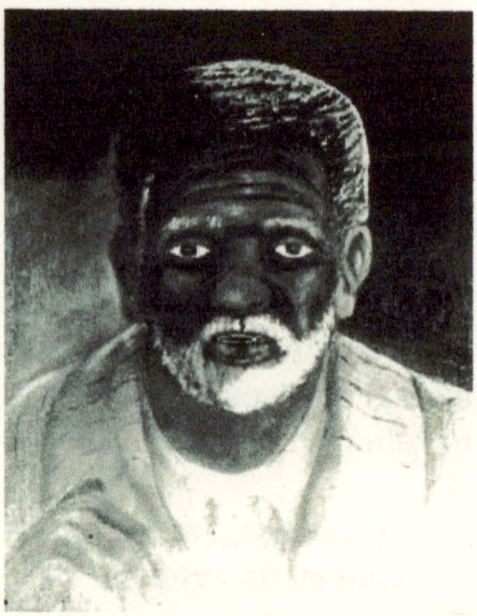

Pintura retratando o Pai Antonio registrada pelo médium vidente Jurandyr

Capítulo XV

A TENDA ESPÍRITA NOSSA SENHORA DA PIEDADE

A partir de 16 de novembro de 1908, as sessões seguiram as normas estabelecidas, apenas com algumas praxes doutrinárias do espiritismo de Kardec, por força da época e das circunstâncias, as quais foram depois, sendo adaptadas à realidade da Umbanda.

Entre 1917 e 1918, o Caboclo das Sete Encruzilhadas recebeu ordens e assumiu o comando para a fundação de mais sete tendas, que seriam uma espécie de núcleos centrais, de onde se propagaria a Umbanda para todos os lados.

Oportunamente, em uma sessão de desenvolvimento e estudos, o Caboclo das Sete Encruzilhadas escolheu sete médiuns para fundarem os novos templos, que assim ficaram constituídos:

- Tenda Nossa Senhora da Guia, com Durval de Souza, fundada em 8 de setembro de 1927 e que foi instalada na Rua Camerino, n. 59.
- Tenda Nossa Senhora da Conceição, com Gabriela Dionísio Soares e Leal de Souza, fundada em 6 de janeiro de 1918, instalada na Rua São Pedro, n. 36.
- Tenda Santa Bárbara, com João Aguiar, fundada em 27 de junho de 1933, instalada na Rua 1° de Março, n. 99.
- Tenda São Pedro, com José Meireles, fundada em 5 de março de 1925, que veio a se fixar num sobrado da Praça 15 de Novembro, n. 34.
- Tenda Oxalá com Paulo Lavois, fundada em 11 de novembro de 1939, que veio a se fixar na Av. Presidente Vargas, 2567.

• Tenda São Jorge, com João Severino Ramos, fundada em 15 de fevereiro de 1935, que veio a se fixar na Rua Dom Gerardo, 45.

• Tenda São Jerônimo, com José Alvares Pessoa (o Capitão Pessoa), fundada em 15 de maio de 1935, que veio a se fixar na Rua Visconde de Itaboraí, 8, Rio de Janeiro.

Com o decorrer dos anos, novas tendas foram surgindo no Rio e em outros Estados, favorecendo a rápida expansão do Movimento Umbandista que, como já vimos anteriormente, visa abarcar o maior número de pessoas no menor espaço de tempo possível.

Veja, caro leitor, que todas as tendas tinham o nome de santos católicos. O Astral aproveitou o sincretismo já existente entre santos e orixás para diminuir o choque dos novos adeptos ao culto emergente, visto que sua grande maioria era de formação católica, inclusive Zélio de Moraes.[1]

Inicialmente, a Tenda Nossa Senhora da Piedade funcionou em Neves, nos arredores de Niterói. Em 1918 instalou-se na sua sede atual à Rua Dom Gerardo, 51, perto do Cais das Barcas, Rio de Janeiro. A Tenda Nossa Senhora da Piedade funciona normalmente com sessões às segundas, quartas e sextas-feiras, dirigidas por Dona Zélia de Moraes Lacerda e Dona Zilméia de Moraes Cunha, filhas de Zélio de Moraes. A 160 quilômetros do Rio de Janeiro, no Município de Cachoeiras de Macacu, em uma pequena localidade privilegiada pela natureza, chamada Boca do Mato, funciona a Cabana de Pai Antonio, com trabalhos mensais. Nesse recanto maravilhoso da natureza, Zélio de Moraes viveu os últimos dias de sua existência física.

Para encerrarmos este capítulo, queremos falar um pou-

[1] Claro está, caro leitor, que o Astral Superior havia previsto tudo isto, permitindo a fundação de Tendas com nomes de Santos Católicos e até permitindo o uso de imagens dos referidos Santos. As imagens que funcionaram e ainda funcionam, na maioria dos Terreiros, como focalizadores mentais, estão sendo lentamente substituídas pelas verdadeiras "imagens" dos Orixás, ou seja, a grafia da Lei de Pemba. Zélio e os médiuns preparados por ele não deixaram nada escrito, o que contribuiu para as deturpações ocorridas. Esses médiuns fizeram de início, uma Umbanda muito misturada com o espiritismo e o catolicismo. Isso foi necessário porque não podia ocorrer um choque muito intenso para que a religião não caísse no domínio das minorias (o negro e o vermelho). Foi por esse motivo que houve a necessidade da parte sincrética.

co de uma pessoa que teve grande atividade dentro do Movimento Umbandista. Estamos nos referindo a José Álvares Pessoa, já citado anteriormente como fundador da Tenda de São Jerônimo.

Por volta de 1935, quando já estavam em funcionamento seis das sete Tendas mencionadas anteriormente, o Caboclo das Sete Encruzilhadas demorava-se na definição do fundador da Tenda de São Jerônimo. Dizia, o Caboclo, que o dirigente adequado não havia aparecido. Em uma noite de quinta-feira, durante uma reunião doutrinária, José Alvares Pessoa, espírita e grande estudioso de todas as correntes espiritualistas, não dando muito crédito aos relatos que ouvira sobre os magníficos trabalhos espirituais realizados em Neves, resolveu ir pessoalmente a Tenda Nossa Senhora da Piedade.

Logo que chegou à porta da sala onde se reuniam os médiuns do Caboclo das Sete Encruzilhadas, esse interrompeu a palestra dizendo: Já podemos fundar a Tenda São Jerônimo. O seu dirigente acaba de chegar.

O Capitão Pessoa, como era chamado, foi tomado de surpresa, pois era desconhecido naquele ambiente. Não havia anunciado a sua visita, apenas viera para comprovar os fatos que lhe haviam narrado.

Após um breve diálogo, o Caboclo demonstrou conhecer a fundo o Capitão Pessoa que foi convencido a assumir a responsabilidade da fundação e direção da Tenda São Jerônimo.

O Capitão Pessoa, até então, desconhecia o que era Umbanda, fato que podemos observar em sua entrevista a Leal de Souza e que está transcrita na página 439 do livro de Roger Bastide chamado *As Religiões Africanas no Brasil*.

Segundo o Capitão Pessoa:

"A fundação da Umbanda foi decidida em Niterói (Estado do Rio) há mais de trinta anos, em uma macumba que ele visitava pela primeira vez. Até ali, ele fora um espírita kardecista. O pai-de-santo investiu-o dos poderes de presidente da Tenda de São Jerônimo, que deveria funcionar na Capital, e lhe disse que importava organizar a Umbanda como religião".

Várias tendas foram fundadas sob a orientação do Caboclo das Sete Encruzilhadas, no Rio de Janeiro, São Paulo, Espírito Santo e Rio Grande do Sul. Sempre que possível, Zélio de Moraes se fazia presente na instalação das novas tendas. Um caso bastante conhecido é o do Tenente Joaquim Bentes Monteiro, que solicitou a sua transferência para Belém do Pará a fim de fundar e dirigir a Tenda Santo Expedito.

Em todo o Brasil existem tendas fundadas diretamente pelo Caboclo das Sete Encruzilhadas. Algumas delas deturparam os seus ensinamentos, o que aliado ao fato do crescimento rápido e desordenado, criou uma espécie de caos que predomina até hoje. Este estado de coisas é provisório, pois o Astral Superior já direciona determinados dirigentes de terreiros, que já atingiram determinado nível consciencial, no caminho da ordem e organização que há de prevalecer, na maioria dos terreiros, no próximo milênio onde deverá ser restaurado o AUMBANDAM.

Nesta foto podemos ver, a evidência do Espiritismo no trabalho da Tenda Nossa Senhora da Piedade. A mesa vista na foto era usada ainda nos anos setenta.

Congá da Tenda Nossa Senhora da Piedade

Entrada da Tenda Espírita Nossa Senhora da Piedade, na Rua Dom Gerardo, n. 51, onde funcionou de 1960 até 1990

Capítulo XVI

LEAL DE SOUZA – O PRIMEIRO ESCRITOR DO MOVIMENTO UMBANDISTA

Pois é, caro leitor, vamos falar agora de quem ousou escrever pela primeira vez sobre Espiritismo, Magia e Umbanda, em um jornal de grande divulgação do Rio de Janeiro, cm 1932, em plena repressão da ditadura Vargas. Estamos nos referindo a Leal de Souza, que já foi citado nos dois capítulos anteriores.

Leal de Souza, que nós já sabemos ter sido um dos fundadores da Tenda Nossa Senhora da Conceição, era poeta, jornalista e escritor e foi o primeiro umbandista que enfrentou a crítica feroz, ostensiva e pública, em defesa da Umbanda do Brasil, ou seja, daquele movimento inicial preparado pelo Caboclo Curuguçu e assumido pelo Caboclo das Sete Encruzilhadas.

Isso aconteceu em uma época que era quase um crime de heresia se falar em tal assunto. Foi também o precursor de um ensaio de codificação, ou melhor, foi o primeiro que tentou definir, em diversos artigos, o que era Umbanda ou o que viria a ser no futuro esse outro lado que já denominava de Linha Branca de Umbanda. Nessa época, para os fanáticos religiosos e espíritas sectaristas, tudo era apenas macumbas...

Leal de Souza muito antes de 1932 já dava entrevistas a jornais e revistas, tentando explicar das razões e da finalidade da sua "Linha Branca de Umbanda". Ele registrava – sem talvez prever o valor e a dimensão que teria para a posteridade, e para a história dessa Umbanda – os nomes das entidades responsáveis pelo Movimento de Restauração do AUMBANDAM e que se consolidou nessa religião que abarca milhões de adeptos na atualidade.

A dignidade e a sinceridade desse valoroso escritor nunca foi posta em dúvida, pois seus registros ocorreram desde 1925, época de grandes perseguições e preconceitos ostensivos contra os centros e terreiros, fatos que perduraram por muitos anos.

Leal de Souza foi um participante ativo e dedicado, durante 10 anos, da Tenda Nossa Senhora da Piedade e amigo de Zélio de Moraes, dali se afastando, por ordem e em boa paz, a mando do Caboclo das Sete Encruzilhadas, para fundar a Tenda Nossa Senhora da Conceição. Nota-se então, que ele estava bem familiarizado com a importante missão dessa portentosa entidade do Astral Superior. Leal de Souza não poderia ter inventado o Caboclo Curuguçu e muito menos falseado a verdade, visto que era um fiel adepto do Caboclo das Sete Encruzilhadas.

Leal de Souza foi o primeiro ensaísta de uma espécie de codificação, pois naquela época ele tentava classificar (segundo o seu conhecimento de então) as Sete Linhas da Umbanda, sincretizada com os santos da Igreja Católica. Um jornal do Paraná chamado "Mundo Espírita", entrevistou-o sobre magia e as Sete Linhas da Umbanda.

Nessa entrevista ele classificou as Sete Linhas da seguinte maneira:

OXALÁ (Nosso Senhor do Bonfim)
OGUM (São Jorge)
EUXOCE (São Sebastião)
SHANGÔ (São Jerônimo)
NHAN-SAN (Santa Bárbara)
AMANJAR (Nossa Senhora da Conceição)
AS ALMAS

Devido ao seu prestígio e ao seu conhecimento, o 1° Congresso Brasileiro de Espiritismo de Umbanda, realizado em 1941, no Rio de Janeiro, aprovou essas Sete Linhas.

As Sete Linhas de Umbanda constituem seguramente um dos assuntos mais polêmicos da Umbanda, pois cada federação ou terreiro procura "criar" os seus próprios conceitos sobre as Sete Linhas. Em alguns lugares pode-se perceber a existência de mais de 20 "Linhas", o que deve causar, na verdade, um grande "emaranhado" de confusão entre santos, orixás e entidades. Esse emaranhado de Linhas vai aos poucos sendo desenrolado, pois as Sete Linhas não podem ser 8,10, 20 ou 100.

Sobre o assunto, W. W. da Matta e Silva escreveu o seguinte, em 1987:

> Reconheço que a Umbanda está "grávida há 53 anos de sete filhas gêmeas. Numa gestação aflitiva... Um parto que os "doutores do Santé" ainda não conseguiram fazer.

Segundo o Astral Superior são estas as Sete Linhas de Umbanda:

ORIXALÁ
OGUM
OXÓSSÍ
XANGÔ
YORÍMÁ
YORI
YEMANJÁ

Para obter maiores detalhes sobre o assunto remetemos o leitor às seguintes obras: *Umbanda de Todos Nós* de W. W. da Matta e Silva e *Umbanda: A Proto-Síntese Cósmica* de Francisco Rivas Neto.

A edição matutina de 8 de novembro de 1932 do *Diário de Notícias*, da antiga Capital Federal, anunciava:

> A larga difusão do Espiritismo no Brasil é um dos fenômenos mais interessantes do reflorescimento de fé. O homem sente, cada vez mais, a necessidade do amparo divino, e vai para onde o arrastam seus impulsos conforme sua cultura e a sua edu-

cação, ou para onde os conduzem as sugestões do seu meio. E o que se observa em nosso país ocorre, igualmente nos Estados Unidos e na Europa, atacada, nestes tempos, de uma curiosidade delirante pela magia...

Mas, em nenhuma região o Espiritismo alcança a ascendência que o caracteriza em nossa Capital. E preciso, pois, encará-lo com a seriedade que a sua difusão exige.

No intuito de esclarecer o povo e as próprias autoridades sobre o culto e as práticas amplamente realizados nesta cidade, o Diário de Notícias convidou um especialista nesses estudos, o senhor Leal de Souza, para explaná-los, no sentido explicativo em suas colunas.

Esses mistérios, se assim podemos chamar, só podem ser aprofundados por quem os conhecem. Convidamos o senhor Leal de Souza por ser ele um espírito tão sereno e imparcial que exercendo até setembro do ano próximo findo o cargo de redator--chefe de *A Noite*, nunca se valeu daquele vespertino para propagar a sua doutrina e sempre apoiou com entusiasmo as iniciativas católicas.

O senhor Leal de Souza já era conhecido pelos seus livros quando realizou o seu famoso inquérito sobre o espiritismo. *No Mundo dos Espíritos*[2], lançado com grande êxito pela imparcialidade e discrição com que descrevia as cerimônias e fenômenos então quase desconhecidos de quem não frequentava os centros.

Depois de convertido ao Espiritismo, o senhor Leal de Souza fez durante seis anos, com o auxílio de cinco médicos, experiências de caráter científico sobre essas práticas, e principalmente sobre os trabalhos dos chamados caboclos e pretos.

O senhor Leal de Souza, nos seus artigos sobre *O Espiritismo a Magia e as Sete Linhas de Umbanda* não vai fazer propaganda, porém, elucidação, mostrando-nos as diferenciações do Espiritismo no Rio de Janeiro, as causas e os efeitos que atribui as suas práticas, dizendo-nos o que é e como se

[2] Edição da **EDITORA DO CONHECIMENTO**.

> pratica a feitiçaria, tratando não só dos aspectos científicos como do uso do defumador, da água, da cachaça, dos pontos, em suma, da magia negra e branca.
>
> Esperamos que as autoridades incumbidas da fiscalização do Espiritismo e muitas vezes desaparelhadas de recursos para diferenciar o joio e o trigo, e o povo, sempre ávido de sensações e conhecimentos, compreendam, em sua elevação, os intuitos do Diário de Notícias.
>
> Na próxima quinta-feira, iniciaremos a publicação dos artigos do senhor Leal de Souza, sobre *O Espiritismo, a Magia e as Sete Linhas de Umbanda*[3].

Como o leitor pode perceber, falou-se nessa publicação quase que exclusivamente em espiritismo e não em Umbanda. É bom lembrar que naquela época, pelo fato das perseguições aos cultos umbandistas serem ferozes, os templos de Umbanda se registravam nos cartórios sob a denominação de templo espírita, devido à perseguição aos centros espíritas ser bem mais branda. Enquadrava-se naquela época a Umbanda como sendo uma espécie de ramificação do espiritismo.

A primeira série de artigos de Leal de Souza no Diário de Notícias deu origem ao livro *O Espiritismo, a Magia e as Sete Linhas de Umbanda*, editado em 1933, com 118 páginas, nas antigas oficinas gráficas do Liceu de Artes e Ofícios, na Avenida Rio Branco, 174, Rio de Janeiro. Deste histórico documento reproduziremos os capítulos I, XIII, XX (um pequeno trecho) e o XXIII.

No capítulo I de sua obra, Leal de Souza procura esclarecer os leitores, no sentido de que as religiões em expansão, que se caracterizam pelas manifestações dos espíritos desencarnados, não podem atacar ou destruir algum outro credo religioso (é bom lembrar a influência da Igreja Católica sobre as massas populares, naquela época) e sim, mostrar a imortalidade da alma e revigorar a fé em Deus. Vejamos então o que diz Leal de Souza nesse primeiro capítulo, "Explicação Inicial":

---

[3] Edição da **EDITORA DO CONHECIMENTO**.

O Espiritismo não é clava para demolir, é uma torre em construção, e, quanto mais se levanta, tanto mais se alargam os horizontes e a visão de seus operários, inclinando-os à tolerância, pela melhor compreensão dos fenômenos da vida.

Como nos ensina o seu codificador (Allan Kardec), o Espiritismo não veio destruir a religião, porém, consolidá-la e revigorar a fé, trazendo-lhes novas e mais positivas demonstrações da imortalidade da alma e da existência de Deus.

As religiões, sabem-no todos, são caminhos diversos e às vezes divergentes, conduzindo ao mesmo destino terminal. O indivíduo, está sob a assistência de Deus, pois mesmo as regras que aos seus contrários pareçam absurdas ou degradantes, como a confissão, no catolicismo, ou a benção solicitada aos pais de terreiro, no Espiritismo de Linha (Umbanda), revelam um grau de humildade significativo de radiosa elevação espiritual.

Seria negar a Deus os atributos humanos da inteligência e justiça ao admitirmos que o Criador fosse capaz de desprezar ou punir as suas criaturas, porque não amam do mesmo modo, orando com as mesmas palavras, segundo os mesmos ritos.

Deus não tem partido, e atende a todos os seus filhos, de onde quer que o chamem com amor e fé, parta a prece do coração de um Cardeal, ajoelhado na glória suntuosa de um altar, ou saia a oração do peito de um sertanejo, caído no silêncio pesado da selva. Os homens é que escolhem, pela sua cultura, ou pelas tendências de cada alma, em seu núcleo de evolução, a maneira mais propícia de cultuar e servir a Divindade.

Com estas ideias, é claro que não venho provocar polêmicas, e seria desconhecer os intuitos do Diário de Notícias, ou aventurar-me à propaganda agressiva dos meus princípios. Pretendo, nestes artigos, esclarecer, quanto o permitam meus conhecimentos, práticas amplamente celebradas nesta Capital, estabelecendo diferenciações, para orientação popular, e mostrando a importância de coisas que, parecendo burlescas, são, com frequência, sérias e até graves.

É pois que tratarei também, e principalmente, do Espiritismo de Linha, na fórmula da Linha Branca de Umbanda: – "Salve a quem tem fé; salve a quem não tem fé."

Uma das tarefas mais importantes desses pioneiros do Movimento Umbandista da época era separar o "joio do trigo", elucidando os novos adeptos sobre as diferenças entre umbanda, espiritismo e macumba. Muitas confusões se faziam na cabeça dos recém-chegados ao Movimento Umbandista, principalmente pela generalização desses cultos em torno do termo "macumba", prática que ainda hoje vigora em algumas cabeças menos esclarecidas e "surdas" aos clarins dos novos tempos. É comum ouvirmos certas pessoas dizerem que vão a uma macumba quando, na verdade estão indo a um terreiro de Umbanda. Vejamos a opinião de Leal de Souza (em 1932) sobre a "macumba" no capítulo XIII de seu livro:

> A Macumba se distingue e caracteriza pelo uso de batuques, tambores e alguns instrumentos originários da África.[4] Essa música bizarra em sua irregularidade soturna, não representa um acessório de barulho inútil, pois exerce positiva influência nos trabalhos, acelerando, com suas vibrações os lances fluídicos.[5]
>
> As reuniões não comportam limitações de hora, prolongando-se, na maioria das situações, até o alvorecer. São dirigidas sempre por um Espírito, invariavelmente obedecido sem tergiversificações, porque está habituado a punir os recalcitrantes com implacável rigor.
>
> É, de ordinário, o Espírito de algum africano, porém também há de caboclos. Os métodos, seja qual for a entidade dirigente são os mesmos, porque o caboclo aprendeu com o africano.
>
> Os médiuns que ajudam o aparelho receptor do guia da reunião às vezes temem receber as Entidades auxiliares. Aquele ordena-lhes que fiquem de joelhos, dá-lhes um copo de vinho, porém com mais

[4] Generalização feita a cultos afro-brasileiros.

[5] Sabemos hoje que o som dos atabaques estimula o animismo vicioso.

> frequência, puxa-lhes, com uma palmatória de cinco buracos, dois alentados bolos.
>
> Depois da incorporação, manda queimar-lhes pólvora nas palmas das mãos, que se toma incombustível quando o Espírito toma posse integral do organismo do médium.
>
> Conhecendo essa prova e seus resultados quando a incorporação é incompleta, apassivam-se os aparelhos humanos, entregando-se por inteiro àqueles que devem utilizá-los.
>
> Os trabalhos, que, segundo os objetivos, participam da magia, ora impressionam pela singularidade, ora assustam pela violência, surpreendem pela beleza. Obrigam à meditação, forçam ao estudo, e foi estudando-os que cheguei à outra margem do Espiritismo.

Do capítulo XX do livro de Leal de Souza escolhemos um trecho que relata, ao mesmo tempo, a humildade e a sabedoria das entidades que baixam na Umbanda:

> O protetor, na Linha Branca, é sempre humilde, e, com sua linguagem atravessada, ou incorreta, causa uma impressão penosa de ignorância, mas frequentemente, pelos deveres de sua missão, surpreende seus consulentes, revelando conhecimentos muito elevados.

Exemplo:

> Uma ocasião, numa pequena reunião de cinco pessoas, um protetor caboclo descarregava os maus fluídos de uma senhora, enquanto, também incorporado, um preto velho, Pai Antônio, fumava um cachimbo, observando a descarga:
>
> – Cuidado, caboclo, avisou o preto. O coração dessa filha não está batendo de acordo com o pulso.
>
> Como é que Pai Antônio viu isso? Deixe verificar, pediu um médico presente à sessão.
>
> E, depois da verificação, confirmou o aviso do preto, que o surpreendeu de novo, emitindo um termo técnico da medicina, e explicando que o fenômeno não provinha, como acreditava o clínico, de causas

> fisiológicas, porém de ação fluídica, tanto que, terminada a descarga, se restabeleceria a circulação normal no organismo da dama. E assim aconteceu. O doutor então quis conversar sobre sua ciência com o Espírito humilde do preto, e, antes de meia hora, confessava, com um sorriso, e sem despeito, que o negro abordara assuntos que ele ainda não tivera oportunidade de versar.

Como o leitor pode perceber, através da vestimenta humilde dos Caboclos e Pretos Velhos esconde-se, não raras vezes, uma potente sabedoria científica e humanística.

Para encerrar, transcreveremos o capítulo XXIII, no qual Leal de Souza escreve sobre o Caboclo das Sete Encruzilhadas, Entidade a qual esteve ligado por muitos anos.

> "Se alguma vez tenho estado em contato consciente com algum Espírito de Luz é, sem dúvida, aquele que se apresenta sob o aspecto agreste, e sob o nome bárbaro de Caboclo das Sete Encruzilhadas."
> Sentindo-o ao nosso lado, pelo bem estar espiritual que nos envolve e sensibiliza, pressentimos a grandeza infinita de Deus, e, guiados pela sua proteção, recebemos e suportamos os sofrimentos com uma serenidade quase ingênua, comparável ao enlevo das crianças nas estampas sacras, contemplando, da beira do abismo, sob as asas de um anjo, as estrelas no céu.
> O Caboclo das Sete Encruzilhadas pertence à falange de Ogum, e sob a irradiação da Virgem Maria, desempenha uma missão ordenada por Jesus.
> O seu ponto emblemático representa uma flecha atravessando um coração, de baixo para cima; – a flecha significa direção, o coração o sentimento, e o conjunto orientação dos sentimentos para o alto, para Deus.
> Estava esse Espírito no espaço, no ponto de intersecção de sete caminhos, chorando sem saber o rumo que tomava, quando lhe apareceu, na sua inefável doçura, Jesus, e mostrando-lhe, em uma região da Terra, as tragédias da dor e os dramas da paixão humana, indicou-lhe o caminho a seguir,

como missionário do consolo e da redenção. E em lembrança desse incomparável minuto de sua eternidade, e para se colocar no nível dos trabalhadores mais humildes, o mensageiro de Cristo tomou o seu nome dos caminhos que o desorientavam, e ficou sendo o Caboclo das Sete Encruzilhadas.

E há vinte e três anos, baixando em uma casa pobre de um bairro paupérrimo, iniciou a sua cruzada, vencendo, na ordem material, obstáculos que se renovam quando vencidos e derrubados, e dos quais o maior é a qualidade das pedras com que deve construir o novo templo.

Entre a humildade e a doçura extremas, a sua piedade se derrama sobre quantos o procuram, e não poucas vezes, escorrendo pela face do médium, as suas lágrimas expressam a sua tristeza, diante dessas provas inevitáveis a que as criaturas não podem fugir.

A sua sabedoria se avizinha da onisciência. O seu profundíssimo conhecimento da Bíblia e das obras dos doutores da Igreja autorizam a suposição de que ele, em alguma encarnação, tenha sido sacerdote, porém a medicina não lhe é mais estranha do que a Teologia.

Acidentalmente, o seu saber se revela. Uma ocasião, para justificar uma falta, por esquecimento, de um de seus auxiliares humanos, explicou, minucioso, o processo de renovação das células cerebrais, descreveu os instrumentos que servem para observá-las e contou numerosos casos de ferimentos que as atingiram, e como foram tratados na Grande Guerra deflagrada em 1914. Também para fazer os seus discípulos compreenderem o mecanismo, se assim posso expressar-me, dos sentimentos, explicou a teoria das vibrações e a dos fluídos, e numa ascensão gradativa, na mais singela das linguagens ensinou a homens de cultura desigual as transcendentes Leis da Astronomia.

De outra feita, respondendo a consulta de um espírita que é capitalista em São Paulo e representa interesses europeus, produziu um estudo admirável da situação financeira criada para a França, pela quebra do padrão ouro na Inglaterra.

A linguagem do Caboclo das Sete Encruzilhadas varia, de acordo com a mentalidade de seus auditórios. Ora chã, ora simples, sem um atavio, ora fulgurante nos arrojos da alta eloquência, nunca desce tanto que se abastarde, nem se eleva demais, que se torne inacessível.

A sua paciência de mestre é como sua tolerância de chefe, ilimitada. Leva anos a repetir, em todos os tons, através de parábolas, por meio de narrativas, o mesmo conselho, a mesma lição, até que o discípulo, depois de tê-la compreendido, comece a praticá-la.

A primeira vez em que os videntes o vislumbraram, no início de sua missão, o Caboclo das Sete Encruzilhadas se apresentou como um homem de meia idade, a pele bronzeada vestindo uma túnica branca, atravessada por uma faixa branca onde brilhava, em letras de luz, a palavra "Caritas". Depois de muito tempo, só se mostrava como caboclo, tanga de plumas e mais atributos dos pajés silvícolas. Passou, mais tarde, a ser visível na alvura de sua túnica primitiva mas há anos acreditamos que só em algumas circunstâncias se reveste da forma corpórea, pois os videntes não o veem, e quando a nossa sensibilidade e os outros guias assinalam a sua presença, fulge no ar uma vibração azul e uma claridade dessa cor paira no ambiente.

Como o leitor pode perceber, Leal de Souza não era vidente e os seus relatos foram baseados na vidência mais ou menos apurada dos citados médiuns. Claro que isso implica em determinadas deturpações que podem levar a desvios da realidade. No entanto, não é nossa função tecermos críticas às qualidades dos médiuns de então e sim, registrar os fatos historicamente, através da honestidade de Leal de Souza, valoroso "escriba" dos primórdios do Movimento Umbandista.

Capítulo XVII

ORIXÁ MALET - UM NOVO REFORÇO

A partir de 1913 passou a atuar, através de mediunidade de Zélio de Moraes, uma entidade de Ogum que se identificava como Orixá Malet. Essa Entidade portentosa, emissário da Luz para as sombras, atuava mais no terra-a-terra e trouxe consigo do espaço dois auxiliares, que haviam sido malaios na última encarnação.

Dispunha essa entidade, dentre os elementos do Caboclo das Sete Encruzilhadas, de todas as falanges de Demanda, de cinco falanges selecionadas do Povo da Costa, semelhante às tropas de choque dos exércitos de Terra, além de arqueiros de Oxóssi, inclusive núcleos da falange de Ubirajara.

Esse caboclo, que havia sido um príncipe numa ilha oriental em sua última encarnação, manipulava com maestria as energias sutis da natureza, exigindo para determinados trabalhos a calma dos campos, a altura das montanhas, o retiro das florestas ou as ondas do mar.

Leal de Souza, que conviveu vários anos com essa Entidade, nos relata dois casos presenciados por ele:

> Na primeira vez que o vi, a sua grande bondade, para estimular minha humilde boa vontade, produziu uma daquelas esplêndidas demonstrações. Estávamos cerca de vinte pessoas numa sala completamente fechada. Ele, sob a curiosidade fiscalizadora de nossos olhos, traçou alguns pontos no chão, passou, em seguida, a mão sobre eles como se apanhasse alguma coisa, alçou a sinistra, e

abrindo-a, largou no ar três lindas borboletas amarelas, e, espalmando a destra na minha, passou-me a terceira.

– Hoje, quando chegares a casa, e, amanhã, no trabalho, serás recebido por uma dessas borboletas.

E, realmente, tarde da noite, quando regressei ao lar e acendi a luz, uma borboleta pousou no meu ombro, e na manhã seguinte, ao chegar ao trabalho, surpreenderam-se todos os meus companheiros vendo que outra borboleta, também amarela, como se descesse do teto, pousava-me na cabeça.

Tive ocasião de assistir a outra de suas demonstrações, fora desta Capital, à margem do rio Macacu. Leváramos dois pombos brancos, que eu tinha a certeza de não serem amestrados, porque foram adquiridos por mim. Colocou-os o Orixá Malet, como se os prendesse, sobre um ponto traçado na areia, onde eles quedaram quietos, e começou a operar com fluídos elétricos para fazer chover. Em meio à tarefa disse:

– Os pombos não resistem a esse trabalho. Vamos passá- los para a outra margem do rio.

Pegou-os, encostou-os à fronte do médium e alçando-os depois, soltou-os. Os dois pássaros, num voo alvacento, transpuseram a caudal, e fecharam as asas na mesma árvore, ficando, lado a lado, no mesmo galho.

Passada a chuva que provocara, disse:

– Vamos buscar os pombos.

Chegamos à orla. O Orixá Malet, com as mãos levantadas, bateu palmas e os dois pombos recruzando as águas, voltaram ao ponto traçado na areia.

Assim como essa entidade de Ogum, muitas outras contribuíram para a expansão do Movimento Umbandista, apenas não foram feitos os registros tal qual fez Leal de Souza. A todas essas entidades que trabalharam e trabalham diariamente na luta da Luz contra as sombras e no constante esclarecimento às massas humanas que procuram as choupanas de Umbanda, em busca de alívio, queremos deixar nosso humilde SARAVÁ!

Da mesma forma não poderíamos deixar de registrar o trabalho em prol do Movimento Umbandista realizado pela Tenda Mirim, no Rio de Janeiro. Em 1924, através do médium Benjamim Gonçalves de Figueiredo, o Caboclo Mirim iniciou uma tarefa de caridade, ocorrendo em 13 de outubro, a fundação da Tenda Mirim na Rua Sotero Reis, 101 (Praça das Bandeiras). Posteriormente, a Tenda Mirim mudou-se para a Rua São Pedro e depois para a sua sede própria na Avenida Marechal Rondon, 597 (antiga Rua Ceará), bairro de São Francisco Xavier, em 1942. A Tenda Mirim contava com vários colaboradores, dentre eles o escritor Diamantino Coelho Fernandes, o Comandante Cícero dos Santos, Olívio Novaes e outros. Essa tenda contribuiu para a expansão do Movimento Umbandista, chegando a ter 32 filiais, inclusive no Paraná.

Um fato interessante ocorria nesta tenda. No Congá havia apenas a imagem do Cristo de braços abertos, não aparecendo as tradicionais imagens de santos católicos, representativas dos orixás. O mesmo fato ocorria no Templo de Oxóssi Rompe Mato, onde trabalhava o Caboclo Pedra Branca que muitas vezes comentava a ineficiência das imagens. O Templo de Oxóssi Rompe Mato também se expandiu pelo Rio de janeiro, com a fundação de várias filiais sob a orientação do médium Renato José Ferreira. Esse templo foi fundado em outubro de 1963.

Como podemos observar, o Rio de Janeiro foi o principal foco de irradiação do Movimento Umbandista devido a fatos já mencionados anteriormente, como as transformações sociais ocorridas na final do século XIX, na então Capital Federal. W. W. da Matta e Silva faz o seguinte comentário a esse respeito:

> Na Guanabara, a Umbanda tem seu marco de fixação no dia 20 de janeiro de 1567, dia de São Sebastião. Portanto, a nossa religião no Brasil tem cerca de 400 anos.

Capítulo XVIII

ZÉLIO DE MORAES - 66 ANOS DE MEDIUNIDADE

Zélio de Moraes foi um médium exemplar e com o Caboclo das Sete Encruzilhadas se conjugaram numa brilhante missão. Foram vanguardeiros ostensivos que plantaram as primeiras sementes da reação e do protesto doutrinário, contra as práticas fetichistas das matanças e dos sacrifícios a divindades etc. (palavras de W. W. da Matta e Silva).

O Caboclo das Sete Encruzilhadas, que comumente era chamado O Chefe pelos seus adeptos, nunca permitiu que seu médium recebesse um centavo que fosse pelos trabalhos espirituais. Zélio nunca exerceu a mediunidade como profissão. Trabalhava para sustentar a família e muitas vezes para manter as tendas fundadas pelo Chefe. Segundo o Caboclo das Sete Encruzilhadas: A Umbanda é a manifestação do Espírito para a Caridade.

Em 1967, após 59 anos de atividade junto à Tenda Nossa Senhora da Piedade, Zélio entregou a direção dos trabalhos às suas filhas Zélia e Zilméia e passou a viver em Boca do Mato (localidade do Município de Cachoeiras de Macacu, a 160 quilômetros do Rio de Janeiro) ao lado de sua esposa Dona Isabel (falecida em 1981), médium do Caboclo Roxo. Nesse recanto, privilegiado da Natureza, continuou a atender os necessitados do corpo e da alma, na Cabana de Pai Antonio.

Segundo suas filhas Zélia e Zilméia, muitas vezes elas precisaram acolher pobres desabrigados e doentes que seu pai trazia para casa e que de lá só saiam quando estavam curados. Dizem ainda que várias vezes, o Delegado de Polícia chamava Zélio para que através da vidência, determinasse quais os presos que eram loucos ou sãos. Muitas vezes ficava sem dinheiro para dar comida às pessoas que batiam à sua porta.

Zélio de Moraes incorporado com Pai Antônio na Cabana de Pai Antônio.

Depois de 66 anos de mediunidade, Zélio pôde desencarnar num sábado, dia 3 de setembro de 1975, podendo dizer de cabeça erguida:

> O Caboclo das Sete Encruzilhadas nunca determinou o sacrifício de aves e animais, quer para homenagear entidades, quer para fortificar a minha mediunidade....
> Nunca recebi um centavo pelas curas praticadas pelos guias. O Caboclo abominava a retribuição monetária ao trabalho mediúnico. Não há ninguém que possa dizer, no decorrer destes 66 anos, que retribuiu uma cura (e foram aos milhares) com dinheiro.

Ronaldo Linares, presidente da Federação Umbandista do Grande ABC, gravou a última mensagem do Caboclo das Sete Encruzilhadas, através de seu aparelho:

> Meus irmãos: sejam humildes. Tragam amor no coração para que vossa mediunidade possa receber espíritos superiores, sempre afinados com as virtudes que Jesus pregou na Terra, para que os necessitados possam encontrar socorro nas nossas casas de caridade. Aceitem meu voto de paz, saúde e felicidade com humildade, amor e carinho.

Capítulo XIX

A PERSEGUIÇÃO DA DITADURA VARGAS E A PRIMEIRA FEDERAÇÃO DE UMBANDA

O início da expansão do Movimento Umbandista coincide com a subida ao poder de Getúlio Vargas em 1930. O seu regime autoritário se consolidaria em 1937, com a criação do Estado Novo, de características fascistas.

Os primeiros líderes umbandistas foram direta ou indiretamente defensores do regime de Getúlio Vargas. Alguns terreiros da época exibiam em suas paredes fotos do ditador.

Apesar do apoio ao governo, os umbandistas sofreram a perseguição e repressão que caracterizavam o Estado Novo e que duraria até 1945. Uma lei de 1934 enquadrava a umbanda, o espiritismo, as religiões afro-brasileiras, a maçonaria etc., na seção especial de Costumes e Diversões do Departamento de Tóxicos e Mistificações do Rio de Janeiro. Essa seção lidava com álcool, drogas, jogo e prostituição. Essa lei vigorou até 1964.

Todos esses cultos acabavam sendo vítimas da extorsão em troca de "proteção policial". A polícia agia, resguardada na justificativa de que a "macumba" tinha ligações com a subversão. Diziam alguns policiais que a "macumba" dava cobertura a grupos comunistas.

Segundo esses mesmos policiais, Ogum (a divindade guerreira), representado por São Jorge, que usava uma capa vermelha, era identificado, na década de 1930, como o Cavaleiro Vermelho.

Os umbandistas da velha guarda nos dizem que a perseguição no governo Washington Luís (1926-1930) era mais intensa que no governo de Getúlio Vargas. Contam alguns que Getúlio era frequentador assíduo dos cultos afro-brasileiros.

Pai Jaú (falecido em 1989), famoso pai de santo umbandista (ex-jogador do Corinthians) declarou certa ocasião, numa reunião do S.O.U.E.S.P. (Superior Órgão de Umbanda do Estado de São Paulo), que várias vezes, durante a repressão policial da ditadura Vargas, havia sido preso e a sua liberação ocorrera por ordem direta de Getúlio Vargas, com quem mantinha relações cordiais.

Um fato importante surgiu da repressão da ditadura Vargas. Ela concorreu para a união e organização dos adeptos da Umbanda, para sua própria proteção. Em 1937, o Caboclo das Sete Encruzilhadas determinou que se fundasse uma organização que abrigasse as tendas de Umbanda. As tendas de Umbanda fundadas pelo Caboclo das Sete Encruzilhadas, já citadas no capítulo XV, se reuniram e, com a liderança de Zélio de Moraes, fundaram a FEDERAÇÃO ESPÍRITA DE UMBANDA DO BRASIL, com o objetivo principal de oferecer proteção aos seus filiados contra a repressão policial.

No 1° Congresso Brasileiro do Espiritismo de Umbanda, em 1941, esta Federação passou a se denominar UNIÃO ESPIRITISTA DE UMBANDA DO BRASIL (U.E.U.B.). Nesse congresso foi proposta a desafricanização da Umbanda para tentar fugir da repressão policial, visto que os grupos afro-brasileiros eram os mais visados pela polícia. A U.E.U.B. passou a funcionar na Rua Santo Agostinho, 52, em Todos os Santos.

O ano de 1945, que marca o fim da ditadura Vargas, foi o ano em que começou a ocorrer a rápida expansão do Movimento Umbandista em nível nacional. De agora em diante, a Umbanda podia ser praticada livremente.

Novos centros e federações foram fundados no Rio, São Paulo e Minas Gerais. Em 1950 começa a penetração no Rio Grande do Sul, através de Moab Caldas, que chegou a ser eleito deputado estadual.

Um dos objetivos do 1° Congresso Brasileiro do Espiritismo de Umbanda era desafricanizar a Umbanda e por isso não haviam sido convidados os líderes das religiões afro-

-brasileiras. Na metade da década de 1950, outras seis federações foram fundadas no Estado do Rio, dentre elas, a Aliança Umbandista do Rio de Janeiro (antigo Estado da Guanabara) – A.U.E.G. Três dessas federações defendiam uma forma de Umbanda africanizada. Uma dessas federações que mais se destacou foi a Federação Espírita Umbandista, que era liderada por Tancredo da Silva Pinto, defensor dos cultos afro-brasileiros.

Tancredo, através de sua coluna semanal no jornal O Dia, recomendava uma forma africana para os rituais da Umbanda. Conseguiu grande ascendência sobre os setores mais humildes da Umbanda, chegando a receber o título de "Tata de Umbanda".

Em 1956, os representantes das duas correntes, a Umbanda Pura e a Umbanda Africanista superaram determinadas divergências e formaram uma coligação que agrupava as principais federações do Rio de Janeiro. Essa coligação recebeu a denominação de Colegiado Espírita do Cruzeiro do Sul e tinha a U.E.U.B como principal articuladora. Dessa coligação participou também Tancredo da Silva Pinto, chegando mesmo a ser um dos seus presidentes.

Essa coligação permitiu ainda uma certa penetração política da Umbanda. Em 1960, os umbandistas conseguiram eleger vários candidatos em alguns estados. Anteriormente, em 1958, a Umbanda elegia, no Rio de Janeiro, Attila Nunes, conceituado radialista dedicado a programas umbandistas.

A Umbanda atravessou bem a ditadura instaurada pelo golpe militar de 1964. Foi nesse período que o registro dos templos de Umbanda passou da jurisdição policial para a civil e passou a ser citada no censo oficial como religião.

Vamos agora falar da expansão do Movimento Umbandista no Estado de São Paulo, que tem início na década de 1950. Nessa época a Igreja Católica, através do Frei Kloppenburg, desferiu forte perseguição à umbanda e ao espiritismo, excomungando aqueles que frequentavam esses cultos, enquadrando-os no chamado "pecado mortal".

Pai Jaú, Sebastião Costa e o Tenente Vareda, que haviam participado do 1º Congresso Brasileiro do Espiritismo de Umbanda em 1941, fundaram a Liga de São Jerônimo em 1942. Em 1953 é registrada em cartório a primeira federação de São Paulo, com o objetivo primordial de fazer frente aos ataques do Poder Escarlate.

A primeira federação, a F.U.E.S.P. (Federação Umbandista do Estado de São Paulo), fundada por Costa Moura, abriu o caminho para a organização de novas federações, tais como: U.T.E.U.E.S.P. (União de Tendas Espíritas de Umbanda do Estado de São Paulo), fundada por Luís Carlos de Moura Acciolli; o Primado da Umbanda, de Félix Nascentes Pinto; a Associação Paulista de Umbanda, de Demétrio Domingues. Em 1968, a U.T.E.U.E.S.P. passa a registrar roças de candomblé e muda a denominação para U.T.E.U.C.E.S.P. (União de Tendas Espíritas de Umbanda e Candomblé do Estado de São Paulo) sob o comando de Jamil Rachid. Em 1973 surge a F.U.G.A.B.C. (Federação Umbandista do Grande ABC), presidida por Ronaldo Linhares.

Em 1961 ocorre o 1° Congresso Umbandista do Estado de São Paulo, organizado pelo General Nelson Braga Moreira. Nesse mesmo ano, ocorre no Rio o 2° Congresso Nacional de Umbanda. Nesse Congresso, organiza-se o S.O.U.E.S.P. (Superior Órgão de Umbanda do Estado de São Paulo) que abarcava várias federações desse estado.

Atualmente, o S.O.U.E.S.P. é presidido por João Batista de Menezes Ladessa.

Em virtude das várias divergências políticas, outras federações se unem em trno do tenente Hilton de Paiva Tupinambá e, em 1976, fundam o S.O.U.C.E.S.P. (Supremo Órgão de Umbanda e Candomblé do Estado de São Paulo) que se tornou forte oponente do S.O.U.E.S.P.

Em 1970, no Rio de Janeiro, ocorre a tentativa de tentar congregar organizações do tipo Colegiado Espírita do Cruzeiro do Sul, S.O.U.E.S.P., S.O.U.C.E.S.P. etc., numa entidade denominada CONDU (Conselho Nacional Deliberativo da Umbanda) que se instalou inicialmente à Rua Sá Viana, 69, Grajaú. O CONDU, entretanto, fugiu de seus objetivos, pois também aceitava registros de federações. O CONDU não conseguiu ser o órgão representativo, em nível nacional da Umbanda, exercendo apenas alguma influência no Rio de Janeiro.

A primeira federação, fundada por Zélio de Moraes, estabeleceu uma certa orientação sobre a padronização de cultos e doutrina. Dentre essas orientações estabelecia a simplicidade do ritual, o uso de uniformes simples de algodão etc. Muitos conflitos internos põem por terra estas orientações, em função de cada uma das tendas querer determinar rituais próprios, fortalecendo a vaidade pessoal de cada dirigente.

Cada uma das federações existentes disputava, junto a cada terreiro, a legitimidade da Umbanda, passando a representar visões diferentes do ritual umbandista e deturpando os princípios que justificaram a fundação dessas entidades.

Com raras exceções, essas federações perpetuam no poder um só homem e objetivam o enganoso poder temporal, esquecendo da orientação religiosa, doutrinária e ritualística aos seus filiados, que se tomaram meros contribuintes necessários ao sustento dessas federações e de suas muitas festas e atividades políticas.

Sabe-se até de um caso ocorrido na Baixada Fluminense, onde um dirigente umbandista "comprou" a federação de outro dirigente que estava em péssimas condições financeiras.

Perguntamos se não é hora de rever os objetivos dessas entidades e reciclar os seus dirigentes para que seus filiados recebam o que tem direito, ou seja, orientação e esclarecimento. Já é hora de colocar um paradeiro nesse estado de coisas. Os clarins de Ogum já soaram e muitos são os chamados...

Capítulo XX

O PRIMEIRO CONGRESSO E O PRIMEIRO JORNAL DE UMBANDA

Em 1941, alguns líderes umbandistas realizaram no Rio de Janeiro o 1° Congresso Brasileiro do Espiritismo de Umbanda com a participação de alguns umbandistas de São Paulo. Esse Congresso pretendia ser de âmbito nacional, porém acabou sendo apenas um evento local.

Dentre os objetivos desse Congresso podemos destacar: a preocupação com a desafricanização da Umbanda, fato que já foi citado anteriormente, e uma tentativa de criar uma codificação para a Umbanda. Essa temática voltou a ser abordada no 2° Congresso, realizado em 1961 e no 3°, realizado em 1973.

Várias tentativas de codificação foram tentadas isoladamente, por alguns autores, tanto no sentido de codificar, como de evangelizar a Umbanda. Isso permitiu a alguns escritores conseguir relativo sucesso no mercado literário umbandista. É bom lembrar que o 1° Congresso aprovou as Sete Linhas de Umbanda propostas por Leal de Souza.

E nosso dever de ofício fazer o registro dos principais umbandistas que conseguiram destaque na literatura de Umbanda:

- Leal de Souza, em 1932, com *O Espiritismo, a Magia, e as Sete Linhas de Umbanda.*
- Waldemar Bento, em 1932, com *Magia no Brasil.*
- João de Freitas, em 1939, com *Umbanda.*
- Emanuel Zespo, em 1941, com *Codificação da Lei de Umbanda.*

- Lourenço Braga, em 1946, com *Trabalhos de Umbanda*.
- Mestre Yokaanan em 1954, com *Evangelho da Umbanda*.
- Cavalcanti Bandeira em 1970, com *O Que é a Umbanda*.
- Jota Alves de Oliveira em 1970, com *Evangelho na Umbanda*.

Devemos destacar que Diamantino Coelho Fernandes, um dos organizadores do 1° Congresso de Espiritismo de Umbanda, conseguiu algum sucesso com algumas obras.

Em 1947, a U.E.U.B. lançou um periódico denominado JORNAL DE UMBANDA, importante veículo de divulgação umbandista que chegou a contar com a colaboração de W.W. da Matta e Silva e do Capitão José Alvares Pessoa.

A divulgação do Movimento Umbandista ganhou corpo quando entrou em cena o radialista e escritor Attila Nunes. Na literatura conseguiu sucesso com a obra Antologia de Umbanda, porém, foi através do programa radiofônico "Melodias de Terreiro" que se tornou popular, chegando a ser eleito deputado estadual.

Attila Nunes era um umbandista honesto e sincero e tinha realmente muito amor à sua religião. Na sua coluna "Gira de Umbanda", na Gazeta de Notícias, escrevia artigos vibrantes e destemidos em defesa da Umbanda verdadeira e mostrando ao público as trapaças e deturpações dos falsos umbandistas. Foi um defensor e divulgador das obras de W.W. da Matta e Silva.

O programa "Melodias de Terreiro" está no ar até os dias de hoje. Atilla Nunes faleceu em 27 de outubro de 1968 e seu programa continuou no ar comandado por Bambina Bucci e Átila Nunes Filho.

Citamos anteriormente alguns escritores que obtiveram algum sucesso com obras umbandistas, porém quem revolucionou o mercado literário umbandista foi, sem dúvida, W. W. da Matta e Silva com suas nove obras que trouxeram luz ao Movimento Umbandista, com a divulgação da Umbanda Esotérica. Sobre W. W. da Matta e Silva falaremos no próximo capítulo.

Para encerrarmos este capítulo, transcreveremos um artigo de Attila Nunes do jornal Gazeta de Notícias e um trecho do artigo do Capitão Pessoa no Suplemento Espiritualista de O Semanário, em 1957.

GIRA DA UMBANDA
ATTILA NUNES

Já vi muita bobagem, muita tolice, já assisti coisas na televisão que até hoje me fazem estremecer pelo total non sense dos participantes. Indivíduos despreparados, cidadãos sem a mínima base e conhecimento da religião de Umbanda no seu aspecto doutrinário e científico, pessoas, enfim, sem traquejo para o diálogo, sem o preparo mental e psicológico para o debate, sem a mínima prática para falar em público e até mesmo sem a cultura que se faz necessária para as dissertações ou para responder aos entrevistadores da TV, têm comparecido a alguns programas e as tolices que proferem só têm contribuído para o demérito da nossa Religião.

MINHA decepção (e a de milhares de irmãos umbandistas) é total quando vejo um presidente de uma entidade federativa ou um chefe de Tenda (programa "O Homem do Sapato Branco", "Caso Isaltina" etc.), gaguejar, titubear, e finalmente, ser derrotado num debate ao qual não deveria ter comparecido jamais. Sinto-me triste, fico desanimado quando vejo um babalaô com seus filhos se exibindo na televisão (ou nos campos de futebol), dançando para uma plateia de leigos, desmoralizando a Umbanda (ou o Candomblé) com a amostragem de alujás, de "incorporações", com demonstrações (na TV) dos nossos rituais, com tudo aquilo que jamais deveria ser exposto em público, isto é, fora de nossos Templos, dos nossos Terreiros.

REGISTRO, ainda – com profunda tristeza – a inconsciência de alguns companheiros que, com suas exibições na TV, acarretam males terríveis à nossa Umbanda. Muito sofremos. Muitas vitórias conquistadas pela nossa Umbanda ao longo desses últimos 20 anos, têm-se diluído, vem se transformando em derrotas com as exposições de vaidade de certos chefes e malungos, com o exibicionismo de alguns irmãos nossos, com a mania de determinados cavalheiros (desejosos de fazerem seu cartaz a qualquer preço) de se projetarem, de se fazerem notados, de criarem uma popularidade a toque de caixa. Por tudo isso, jamais darei meu apoio a sonhos mirabolantes, jamais concordarei com exibições na televisão e combaterei, até o último instante de minha vida, os desfiles nos palcos ou nos estádios de esporte.

NÃO SOU radical no meu ponto de vista, contrário à exteriorização de nossos rituais. Não chego ao ponto de achar que devemos nos aprisionar em nossos abassás. Reconheço que não podemos ficar subordinados exclusivamente ao recesso de nossos terreiros. Não somos prisioneiros, não somos fanáticos, pesamos na balança do bom senso os nossos atos, as nossas ações. Nossos bacuros, nossos trabalhadores, não vivem manietados, não são escravos. Não impomos em nossa religião os rigores que são impostos aos frades, às freiras, aos pastores, aos batistas, e aos budistas etc. Ao contrário, somos livres, praticamos o culto dentro de normas bastante liberais e até mesmo mais evoluídas do que as de outros cultos, de outras crenças.

SOU inteiramente favorável (e venho estimulando há 20 anos) as reuniões nas praias no dia 31 de dezembro, acho imprescindível as peregrinações às matas (macaias), preconizo constantemente, a necessidade de seguirmos os nossos preceitos com rigor; devemos manter os velhos hábitos, devemos fazer as nossas obrigações, nossos assentamentos, devemos ir à cachoeira, à praia e até mesmo (quando necessário) devemos ir à Calunga Pequena (cemitério), ao Cruzeiro das Almas, à Calunga Grande (mar). Devemos salvar Olukum, Aloxum, Dandalunda, Inaê Mabo, Yemanjá, Janaína, as Yaras etc. Devemos entregar nossos padês, nossos ebós, nossas oferendas, nossas "mesas", nossos "barcos", em suma, devemos continuar umbandistas como foram nossos pais e nossos avós. É nosso dever mostrar a nossa convicção mantendo as nossas tradições e tudo aquilo que herdamos dos nossos antepassados.

SOU totalmente favorável ao exposto nas linhas acima, já que no cumprimento sincero de nossas obrigações – não há o mínimo resquício de vaidade, não há exibição nessas atividades, nesses preceitos que fazemos fora de nossos terreiros.

W. W. da Matta e Silva, o renomado escritor umbandista, o autor de numerosas obras dentre as quais destaco "Doutrina Secreta da Umbanda", compareceu à televisão. Sua presença no grande programa de J. Silvestre, "Show Sem Limite", marcou mais uma vitória para a nossa Umbanda. Valorizou a nossa crença, revigorou as nossas convicções, reforçou as bases do grande Templo umbandista, representado por cerca de 80.000 tendas espalhadas em todo país. MATTA E SILVA enfrentou as câmeras da TV Rio com dignidade com respeito, com energia, com profundo conhecimento de causa, com o destemor dos guerreiros indômitos. Ressaltou o poder da crença umbandista.

Reafirmou sua fé, não titubeou, não gaguejou, argumentou com firmeza, com consciência, em linguagem simples e, ao mesmo tempo, erudita. Fez se compreender pelos leigos, pelos irmãos de fé e por todos aqueles que tiveram a felicidade de vê-lo e ouvi-lo no famoso "Show Sem Limite".

ESTOU quase certo de que o insigne escritor e Tatwa W. W. da Matta e Silva está de acordo com os meus pontos de vista no que tange às exibições de Terreiros nos palcos ou nos estádios esportivos. O querido Mestre Matta e Silva (que é rigoroso em suas apreciações sobre a prática do umbandismo) é, sem dúvida, uma das vozes mais autorizadas, é um arauto do bom senso, e um malungo, a quem devemos prestar a nossa homenagem e, sobretudo, devemos respeitar (mesmo que às vezes discordemos de um ou outro ponto) a sua pregação que sabemos sincera. Nosso dever é ouvi-lo atentamente, devemos ler os seus livros com a certeza de estarmos ouvindo a voz de um mestre. Devemos nos curvar respeitosamente diante de seu talento, de sua cultura, dos seus profundos conhecimentos da Umbanda como religião, como filosofia e como ciência. HOMENS como W. W. da Matta e Silva, João de Freitas, Henrique Landi Jr, Cavalcanti Bandeira, Pena Ribas, Mauro Rego Porto e João Guimarães deviam ser convocados, de vez em quando, para nos proporcionar aulas de umbandismo, para fazerem pregações de alto nível como a que ouvimos segunda- feira última na TV Rio. Os depoimentos, as considerações, as explicações que esses autênticos líderes podem nos fornecer diante das câmeras e microfones, viriam desfazer a má impressão deixada por alguns cidadãos que tanto diminuíram a Umbanda quando de suas aparições no horrível programa "O Homem do Sapato Branco" e nos entreveros sobre o "affaire" Isaltina e seu parceiro Sebastião Pedra d'Água (Bolha d'Água como disse nosso irmão Aranha).

As grandes vozes têm que ser ouvidas. Lutemos contra a palhaçada, contra a bisonhice, contra os vaidosos, contra os exibicionistas. Ergamos uma muralha invencível contra os destruidores da Umbanda! Utilizemos o poder dos nossos Guias, usemos as nossas forças espirituais para deter a onda de insensatez que ameaça nossa Religião. Não podemos manter posição contemplativa diante das tolices arquitetadas pelos vaidosos, pelos fariseus, pelos "profiteurs" da ingenuidade de alguns que se aliam a tudo sem medir as consequências. Acima de tudo, a nossa gloriosa Umbanda. ACIMA DE TUDO A DIGNIDADE DA NOSSA CRENÇA, DOS NOSSOS IRMÃOS, DE TANTOS QUE DÃO TUDO DE SI PELO BEM DE TODOS!

Parabéns!!! Attila Nunes. Afastemos os marginais da Umbanda. Conte conosco para o que der e vier. MANOEL ARANHA – CORONEL GAMELIEL DE OLIVEIRA – FLAVIO COSTA – HENRIQUE LANDI.

O PASTOR DE UMBANDA
CAPITÃO PESSOA

A tarefa que sobre seus ombros tomou o Caboclo da Sete Encruzilhadas – organizar a Lei de Umbanda no Brasil – é um verdadeiro milagre de fé e nos leva a um sentimento de profundo respeito por essa Entidade que se faz pequenina e procura valer-se sob a capa de uma humildade perfeita. É a ele que se deve a purificação dos trabalhos nos terreiros. Não veio destruir o ritual e sim dar-lhe força e método, manter sua pureza e propagá-lo com a sua organização maravilhosa.

OBSERVAÇÃO: As obras de Matta e Silva e Rivas Neto serão abordadas nos próximos capítulos.

Capítulo XXI

W. W. DA MATTA E SILVA E O ADVENTO DO PAI GUINÉ – AS PRIMEIRAS OBRAS IMPORTANTES DO MOVIMENTO UMBANDISTA

Depois de tanto tempo escrevendo sobre a face popular da Umbanda e restringindo a sua história a menos de 90 anos, não podia imaginar que um dia, com o agô da Corrente Astral de Umbanda, pudesse escrever (na verdade, reunir os fragmentos colhidos junto às pessoas certas) sobre a história real e abrangente da Umbanda de todos nós. E nesta altura do texto, me defronto com o maior desafio, que é escrever sobre aqueles que começaram a desvelar para nós a verdadeira Umbanda, sem fetiches e tolas crendices.

Peço agô a W. W. da Matta e Silva e ao Pai Guiné para escrever o pouco que sei sobre eles e suas grandiosas tarefas em prol da Umbanda e da humanidade.

Como vimos anteriormente, o Movimento Umbandista teve dois eventos importantes: o primeiro, no final do século XIX, com o Caboclo Curuguçu e o segundo, na primeira metade do século XX, com Zélio de Moraes e o Caboclo das Sete Encruzilhadas. O evento do Caboclo das Sete Encruzilhadas trouxe para os umbandistas a parte externa (exotérica) da Umbanda. Era o primeiro passo para o chamamento geral, não havendo preparo da grande maioria da massa umbandista para receber os ensinamentos internos (esotéricos) da Doutrina. No entanto, devemos ressaltar que isso já estava previsto e alguns dos médiuns preparados pelo Chefe já sabiam do fato.

No livro *Umbanda e Seus Cânticos*, de João Severino Ramos, editado pela Tenda Espírita São Jorge, em 1953, encontramos o seguinte:

> Um movimento de aglutinação se opera entre as agremiações de Umbanda. Busca-se um denominador comum para todos. Caminha-se a largos passos para uma necessária uniformização das normas de trabalho, no que elas possuem de fundamental. Delineia-se, em nítidos contornos, a estrutura de uma doutrina que nos revelará, afinal, a Umbanda Esotérica: os tempos são chegados.

Na década de 1950 temos o terceiro evento importante do Movimento Umbandista através de W. W. da Matta e Silva que, além de revolucionar conceitos doutrinários da Umbanda praticada até então, permitiu através de sua mediunidade, as manifestações do Pai Guiné, o terceiro grande enviado do Astral para direcionar o Movimento Umbandista.

Vejamos então quem foi este homem que, através de sua mediunidade e de suas nove obras literárias, modificou substancialmente o panorama da Umbanda. Francisco Rivas Neto (Arapiaga), Mestre de Iniciação de 7° grau e legítimo sucessor do seu Mestre W.W. da Matta e Silva, é quem nos dá detalhes importantes da vida e obra deste insigne defensor da Umbanda Esotérica. Muitos dos dados que iremos relatar estão registrados no livro *O Elo Perdido*, obra mediúnica do Caboclo Sete Espadas.

Woodrow Wilson da Matta e Silva nasceu em Garanhuns, Pernambuco, em 28 de julho de 1917. Veio para o Rio de Janeiro aos cinco anos de idade. Entre doze e treze anos passou a viver fenômenos pré-mediúnicos (visões). Sua primeira manifestação mediúnica ocorreu aos 16 anos com a incorporação de Pai Cândido. Nessa época, era auxiliar de redação de um periódico carioca e morava no centro do Rio de Janeiro, numa república perto da Light.

Todas as quintas feiras realizava pequenas sessões, junto de Pai Cândido, para atender a comunidade da república. Muitas vezes fazia programas para quinta-feira à noite, porém

Pai Cândido se manifestava mostrando ao médium a sua tarefa para com o ser humano, que aguardava a quinta-feira para ser atendido.

Aos 17 anos começou a visitar vários terreiros de Umbanda em busca de um lugar para trabalhar. Pai Cândido, no entanto, pedia paciência e lhe dizia que iria ter o seu próprio terreiro.

Aos 21 anos foi morar na Pavuna onde montou seu primeiro terreiro. A partir de 1954, Pai Guiné começa a direcionar sua vida mediúnica. Nessa época, recebe desse Preto Velho a mensagem "Sete Lágrimas de Pai Preto", que seria um dos marcos da renovação da Doutrina Umbandista. Essa mensagem, que veremos mais adiante, mostra a realidade do dia-a-dia de um terreiro e as diferentes consciências que a ele vão, em busca de auxílio espiritual.

Nesse ano passou a escrever para o Jornal de Umbanda (já citado anteriormente) localizado à Rua Acre, 47 – 6° andar – sala 608.

Iniciou também a obra que viria a transformar as coisas da Umbanda de todos nós. Nessa época teve várias visões mediúnicas (transes) em que se via numa grande mesa, onde numa das extremidades havia um Velho Payé que folheava um grande livro e junto dele, um colegiado de Mentores Espirituais que discutiam da oportunidade do lançamento do livro. Decidiu-se então, que o momento era chegado e, em 1956, essa portentosa obra era trazida a público.

Umbanda de Todos Nós foi lançada em edição paga pelo próprio autor, através da Gráfica e Editora Esperanto, a qual situava-se na época à Rua General Argolo, 130, Rio de Janeiro. A primeira edição saiu com 3.500 exemplares e rapidamente se esgotou. A partir da segunda edição a obra foi lançada pela Livraria Freitas Bastos.

Umbanda de Todos Nós agradou a milhares de umbandistas, que nela encontraram os reais fundamentos em que se poderiam escudar, mormente nos aspectos mais puros da Doutrina Umbandista. Por outro lado, este livro incomodou muita gente encarnada e desencarnada ligada ao baixo astral, principalmente os pseudo líderes umbandistas daquela época e de todas as épocas, interessados na venda de ilusões e outras coisas.

O combate incessante sobre a obra serviu apenas para promovê-la. Esse fato desencadeou a fúria dos seus inimigos que passaram a atacar Matta e Silva através da baixa magia. Nessa luta astral, as Sombras e as Trevas utilizaram-se de todos os meios agressivos e contundentes que possuíam, arrebanhando para suas fileiras de ódio e discórdia tudo o que de mais nefando e trevoso encontrassem, quer fosse encarnado ou desencarnado.

Essa perseguição atingiu sua esposa e seus filhos Ubiratan e Eluá. Muitas vezes sentiu-se balançar. Mas não caiu. A maioria de seus perseguidores recebeu segundo a Lei... Esses fatos causaram muita decepção ao Mestre, que recebeu permissão do Astral para um pequeno recesso afim de restabelecer suas forças.

Várias vezes o Mestre comentou que só não tombou porque Oxalá não quis... Após o recesso, Pai Guiné assumiu toda a responsabilidade pela manutenção e reequilíbrio astrofísico de seu filho, para logo após orientá-lo na escrita de mais um livro. Através da Editora Esperanto lançou *Umbanda - Sua Eterna Doutrina*, que aborda conceitos esotéricos e metafísicos nunca expostos. Esta obra agradou em cheio aos estudiosos e intelectuais, porém passou um pouco desapercebida pela grande massa umbandista da época, inclusive aos seus "líderes".

Para complementar e ampliar os conceitos tratados em *Umbanda - Sua Eterna Doutrina*, Matta e Silva lançou, pouco tempo depois, a obra *Doutrina Secreta da Umbanda* que também agradou a milhares de umbandistas.

Apesar de suas obras serem lidas e estudadas pelos adeptos e estudiosos do ocultismo, seu santuário em Itacuruçá era frequentado pelos simples e humildes que nem desconfiavam ser o Velho Matta um escritor de renome no meio umbandista.

Em seu santuário junto a natureza, Matta e Silva escreveu outra de suas importantes obras chamada: *Lições de Umbanda e Quimbanda na Palavra de um Preto Velho*, obra mediúnica que apresenta um diálogo edificante entre um filho de fé, Cícero Faria de Castro, médico e estudioso, e a entidade espiritual que se diz preto velho. Esta obra apresenta uma maior facilidade de entendimento para grande parte dos umbandistas.

A Choupana do Velho Guiné, em Itacuruçá estava lotada quase todos os dias. Lá eram atendidas pessoas de Itacuruçá e das mais longínquas regiões do Brasil. Lá, os dramas do ser humano eram tratados à luz da razão e da caridade. Durante muitos anos o Velho Matta atendeu pessoas da região e das ilhas próximas, ministrando remédios da flora local e alopatias simples que ele mesmo comprava quando ia à cidade do Rio de Janeiro.

Seguindo sua tarefa missionária, Matta e Silva escreveu sua quinta obra com o título de *Mistérios e Práticas da Lei de Umbanda* que relata de forma simples e objetiva as raízes míticas e místicas da Umbanda, aprofundando-se no sincretismo dos cultos afro-brasileiros. Em seguida, surge a sexta obra chamada *Segredos da Magia da Umbanda e Quimbanda* que aborda a magia etéreo-física e revela de maneira simples e prática determinados rituais seletos da magia de Umbanda.

Sua sétima obra, *Umbanda e o poder da Mediunidade* explica como e por que ressurgiu a Umbanda no Brasil, mostrando as verdadeiras origens da Umbanda. Explica ainda, ângulos importantíssimos da magia.

Muitos pedidos dos simpatizantes e adeptos de suas obras fizeram com que Matta e Silva lançasse em 1969, o livro que sintetizava e simplificava os sete anteriores. Esse livro recebeu o nome de *Umbanda do Brasil* e esgotou-se em seis meses. Em 1975, o grande mestre lançava sua última obra com o nome de *Macumbas e Candomblés na Umbanda*. Esse livro registra as vivências místicas e religiosas dos chamados cultos afro-brasileiros, mostrando os graus conscienciais dos adeptos e praticantes dos vários níveis da Umbanda Popular.

Para facilitar o estudo de suas obras, Matta e Silva as classificou da seguinte maneira:

1° grau - *Mistérios e Práticas da Lei de Umbanda*

2° grau - *Lições de Umbanda e Quimbanda na Palavra de um Preto Velho*

3° grau - *Segredos da Magia de Umbanda e Quimbanda*
4° grau - *Umbanda e o Poder da Mediunidade*
5° e 6° graus - *Umbanda de Todos Nós*
7° grau – *Umbanda e sua Eterna Doutrina e Doutrina Secreta da Umbanda*

Segundo a Sagrada Corrente Astral da Umbanda, seus livros levarão mais de 50 anos para serem completamente assimilados e colocados em prática. As obras de Matta e Silva preparam, ajustam e apontam para a Umbanda do terceiro milênio.

COMO ERA MATTA E SILVA?

Rivas Neto nos conta que ele era muito humano e totalmente avesso ao endeusamento e à mistificação de sua pessoa. Era muito sensível e de personalidade firme, acostumado que estava a enfrentar os embates da própria vida... Era inteligentíssimo! Tinha os sentidos aguçadíssimos... Mas era um profundo solitário, apesar de cercarem-no centenas de pessoas. Seu Espírito voava, interpenetrando em causas o motivo das dores, sofrimentos e mazelas várias....

A todos tinha uma palavra amiga e individualizada. Não tratava casos, tratava almas... E, como tal, tinha para cada pessoa uma forma de agir, segundo o seu grau consciencial próprio!

Sua cultura era exuberante, mas sem perder a simplicidade e originalidade. De tudo falava, era atualizadíssimo nos mínimos detalhes... Discutia ciência, política, filosofia, arte, ciências sociais, com tal naturalidade que parecia ser mestre em cada disciplina. E era!...

No mediunismo era portentoso... Seu pequeno copo da vidência parecia uma televisão tridimensional. Em conjunto simbiótico com Pai Guiné ou Caboclo Juremá, trazia-nos mensagens relevantes e reveladoras, além de certos fenômenos mágicos. Seu Santuário denominava-se Tenda de Umbanda Oriental (T.U.O.) verdadeira escola de iniciação de umbanda esotérica de Itacuruçá, na Rua Boa Vista, n. 117, no bairro Brasilinha.

Itacuruçá significa "A Terra da Pedra da Cruz Sagrada", e neste local privilegiado pela natureza, se localizava a Tenda de Umbanda Oriental, em humilde prédio de 50 m². Sua construção, simples e pobre, era limpa e rica em assistência Astral. Era a verdadeira tenda dos orixás.

Durante 50 anos de mediunidade, Matta e Silva nunca se curvou aos ataques dos encarnados e desencarnados do baixo astral. Sua palavra e sua pena foram armas fiéis defensoras da verdadeira Umbanda. Com elas (verdadeiros chicotes) vergastou a vigarice organizada, os vendedores do "conto do orixá", os vaidosos mistificadores e os fanáticos que proliferam no meio umbandista.

Vejamos um trecho da introdução de sua obra Umbanda do Brasil:

> Nós jamais tivemos a pretensão de querer impor uma sistemática doutrinária "da nossa Umbanda de elite" a presunçosos "Chefetes de Terreiro" manipulados por quiumbas e tampouco a "pseudo babalaôs" analfabetos, chafurdados no meio vibratório grosseiro que criaram, cheirando a pipoca, sangue e galo preto. Desses que se multiplicam por toda a parte, ostentando "diplomas" de fontes escusas, a fim de fazerem da Umbanda uma industriazinha rendosa... De conluio com certas "casas" que vendem artigos religiosos de Umbanda.
>
> Tampouco jamais esperamos influir e muito menos aceitar a "linha doutrinária" dessas pseudo-organizações de "cúpula" ditas Uniões, Confederações etc. — pois cada uma tem seu "dono" enquistado e cercado de sua camarilha.
>
> Nós somos, realmente intransigentes em nosso ideal e no cumprimento da tarefa que recebemos de Caboclo e Preto Velho de verdade, e estamos dentro de uma conscientização que não teme nada, quando se faz preciso defender a Sagrada Corrente Astral de Umbanda. E não importa continuemos sozinho — há mais de 20 anos – nessa luta até o fim de nossas dias terrenos. Outros surgirão e retomarão o encargo.
>
> Continuaremos escrevendo, elucidando e comba-

> tendo a astúcia dos espertalhões e de certos "visionários", uns até de formação iniciática ou esotérica consolidada em outros setores e que pretendem arreglar o meio umbandista para fins ocultos... Isto é, políticos, arvorando-se até em "juízes" dos fundamentos da Sagrada Umbanda, como se nós — iniciados dela — déssemos "bola" para esse tipo de capatazes do "esoterismo, orientalismo e teosofismo" que se achegaram com a tola pretensão de nos dar lições.

A década de 1960 foi um período delicado para o Movimento Umbandista, em virtude do enxovalhamento que certos programas de televisão, jornais e revistas fizeram às entidades umbandistas. Os "diretores" e "presidentes" das tais Federações e Uniões contemplavam tal afronta covardemente, sem levantar um dedo para defender a sua religião.

Em 1967, as importantes revistas *Realidade*, *O Cruzeiro* e *Fatos e Fotos* publicaram reportagens sobre o conhecido médium mineiro Zé Arigó, enaltecendo as "suas maravilhosas" curas e cirurgias espirituais através de seu mentor, chamado Dr. Fritz, esse mesmo que atua nos dias de hoje através do médico- médium de Pernambuco e que, por várias vezes, se tornou notícia de jornal. As vantagens financeiras passaram a envolver o médium, através de milhares de receitas mensais, que implicavam num maior consumo de medicamentos de determinados laboratórios.

Essas reportagens traziam, além da fotografia do Sr. Arigó, um enorme cartaz pregado na parede e que dizia: "Espiritismo de Kardec, sim! Umbanda e Macumbas que não curam e causam doenças, não! Nada de Terreiros". Ass: Dr. Fritz.

Vejamos o que diz Matta e Silva sobre o assunto:

> Que fizeram esses pseudo líderes, esses "donos" de Organizações da "cúpula" umbandista, diante disso; Nada! Absolutamente nada! Ficaram a "ignorar", uns cinicamente, outros "inocentemente", semelhante achincalhe. Suportaram tudo, agachados, de quatro pés, silenciosamente. Engoliram a moral umbandista – "com caboclo, preto velho, Ori-

xá e tudo"... Ah! fariseus! É por essas e por outras que eles não toleram o tal do Matta e Silva...

E quando surgimos (a convite) num famoso programa de televisão – "Show Sem Limite" – inicialmente na TV Rio, depois na TV Tupi – (outubro e novembro de 1967) debatendo vários assuntos, entrando até na polêmica, pois visava sempre elucidar sobre a Umbanda e fizemos a sua defesa, desassombradamente, desafiando duramente o tal Arigó (ou Dr. Fritz) a que viesse provar aquela indignidade (definindo o que ele entendia por Umbanda), agitando e apaixonando o meio umbandista digno, consciente, sincero, foi que aceitamos tomar contatos no citado meio.

Nessa circunstância recebemos o apoio direto de alguns irmãos umbandistas, que julgamos dignos, sinceros, assim como o Dr. Henrique Landi e outros, e muito especialmente do digno Deputado Attila Nunes.

Com esse confrade e valoroso umbandista, através de seu programa "Cânticos de Umbanda – Melodias de Terreiro", pela Rádio Rio de Janeiro, debatemos a questão, em longas entrevistas, intimando os responsáveis para que tirassem dali, do "Gabinete de Curas" do Senhor Arigó – aquela tabuleta, o que foi feito, segundo comunicações e retratações posteriores, por carta e jornais...

Mas não foi só isso! Certos outros "líderes" que tinham o dever moral de já terem feito de alguma forma o que nos coube fazer (pois alguns deles têm a coluninha fixa em jornais), em vez de se acercarem nesse objetivo, o que acharam de fazer, nessa ocasião foi babarem as peçonhas da inveja e do despeito, "assombrados", pensando que pretendêssemos tomar de "assalto" a tal "liderança" deles, no dito meio – desse mesmo que jamais tiveram a dignidade nem a convicção de defender, mesmo que o fizessem "com pipoca, dendê e galo preto... Que é o que sabem fazer e ensinar.

A esses despeitados tradicionais aqui vai um bom tranquilizante: não se assustem!

Entre o Matta e Silva e eles, nunca haverá um denominador comum. Conhecemos vocês muito bem. Sabemos o que fazem pelo que doutrinam e usufruem. Jamais pretendemos ser o "dono" de organizações saturadas do ebó e da menotoxina dessas "babás do santo rebolado" e nem desses "babalaôs deslumbrados", vigaristas, feitinhos no Kêto – filhinhos de Iansã, de olhares de peixe morto... A quem vocês vivem dando "diplomas" e cursos de "sacerdotes"...

Agora, essa que temos há anos de defender – a dignidade da verdadeira Corrente Astral de Umbanda – essa é a nossa mesma. Dessa liderança moral, intelectual, espiritual, não abrimos mão, nem de uma só vírgula, para arreglos espúrios; nem ontem, nem hoje, nem amanhã...

Portanto, continuaremos influenciando o meio umbandista evoluído, através de nossas obras, conforme já é um fato inegável, na certeza de que cada vez mais crescerá o número dos que estão se elucidando nelas".

O "Velho Matta" desencarnou em 17 de abril de 1988, em Jacarepaguá. Durante 25 anos visitou mais de 600 terreiros para poder relatar, em suas obras, o que se passava no seio do Movimento Umbandista. Trouxe à luz a Umbanda Esotérica que, infelizmente, é praticada na atualidade por poucos terreiros, mas que, segundo o Astral Superior, se instalará definitivamente no meio umbandista a partir do próximo milênio.

Do Astral ou encarnado, Matta e Silva continuará a sua grandiosa tarefa em prol do ressurgimento do AUMBANDAM.

Caro leitor, se você pensa que a Umbanda de verdade é essa manifestação ruidosa da massa, que grita, baba, bebe, berra e se contorce de charutão e cigarro de palha na boca, ao som ensurdecedor dos atabaques (ótimos veículos para estimular o animismo vicioso), não leia as obras de Matta e Silva porque sua decepção será muito grande. Porém, se o seu grau consciencial lhe permite ver adiante e saber que a verdadeira Umbanda está acima de tudo isso, chegou o momento de adquirir as obras do "velho e sábio mestre" e começar a levantar os véus da SENHORA DA LUZ VELADA.

Apesar de não nos termos encontrado na presente encarnação, agradeço ao Astral por ter permitido que eu conhecesse as suas obras e o seu dileto filho Rivas Neto. Espero ser um digno divulgador dos vossos portentosos conhecimentos.

SARAVÁ, AVÔ MATTA!

Para encerrarmos este capítulo, mostraremos cópias de alguns documentos, fotos e matérias importantes sobre a vida e a obra de Matta e Silva.

GRÁFICA ESPERANTO
ARTES GRÁFICAS EM GERAL

Nota Promissória relativa à primeira impressão da obra *Umbanda de Todos Nós*.

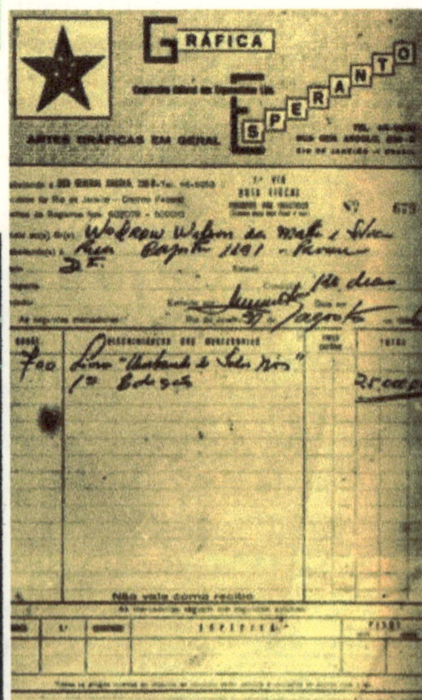
GRÁFICA ESPERANTO
ARTES GRÁFICAS EM GERAL
Não vale como recibo

Nota fiscal relativa à primeira impressão da obra *Umbanda de Todos Nós*.

W.W. da Matta e Silva, proferindo uma palestra na Ordem Iniciática do Cruzeiro Divino em 1987.

W.W. da Matta e Silva e seu "Filho de Fé" Rivas Neto.

Congá da Tenda de Umbanda Oriental em Itacurussá.

JORNAL DE UMBANDA
RIO DE JANEIRO – SETEMBRO DE 1954

VOZES SOBRE UMBANDA
Por W. W. da Matta e Silva
(da Tenda de Umbanda Oriental)

Silencioso na humildade do "Congá", trabalhava, carregando a Missão da noite escura das dívidas, a alvorada do Resgate, quando vi seus clarões iluminarem mais um "caminho", por onde minha alma extenuada tinha de passar, porém, antevendo os desenganos vacilava...

Mas... O chamado era imperioso e dizia: anda, vá, escuta, observa e cumpra a tua parte... E assim sendo, fui e cheguei; e pus-me a escutar as "Vozes" que falavam de Umbanda. De umas as palavras fluíam eloquentes, empolgavam pelo conhecimento, buscando origens e explicações... Era a "cultura da doutrina"; de outras o Verbo se esparramava vibrante, mostrando causas e coisas, citavam exemplos e interrogavam... Era a ânsia de Saber; e outras mais que refletiam inteligências de mentes ágeis explanando teorias belas, em cujas imagens se podiam identificar o reflexo... dos Livros; e ainda outras se fizeram ouvir, veementes, na imposição do "Eu Sei", emissoras de vagas concepções... E todas pareciam penetradas pela fé. Entretanto a tristeza, filha da decepção, apoderou-se de mim, e fez com que eu descobrisse o porquê; então, elevando o pensamento ao Astral, fi-lo clamar angustiado:

...OH! SENHORA DA LUZ VELADA – UMBANDA de todos nós, faltam aqui as "VOZES" daqueles que são teus filhos diletos... poderias TU, levar aos "quatro ventos" pelos sons dos clarins da Falange de Jorge, uma pequenina e humilde voz, com essa mensagem;... Ogans, "Babás", Pais-Pequenos, Mães Pequenas, Médiuns que o forem de fato e de direito, meus desconhecidos confrades: ONDE ESTAIS?... Desçam de suas "Tendas" de sonho e perfume e venham "ver" e ouvir a Realidade... Por acaso não chegaram a seus ouvidos, as notícias do que está se passando?... Senão, ouçam e "entendam " o que quero dizer: Nós que somos trabalhadores de todas as noites, veículos desses "Orixás" que nos ensinam a existência dessa mesma Umbanda; nós, primeiro a sermos esclarecidos em seus fundamentos, que amassamos seu "pão de cada dia" e nos sentimos ferir em seus espinhos... é que somos os mais indicados a distribuir suas Pétalas... pois, sabemos, Ela existe no jardim da Luz e do Merecimento, espargindo sua essência aos sequiosos e aflitos, que buscam seu seio como guarida... Assim, devemos reconhecer essas VERDADES e despertarmos do ridículo em que ficamos, quando certas interrogações nos são feitas do porquê – "em cada canto é uma coisa diferente"?... Unifiquemos nossos "pontos de vista", para não darmos o triste espetáculo, visto e revisto, do "cada um por si" com uma banda própria...

Sim... Porque APENAS numa coisa somos unos, é na FÉ... E fortalecido nela, com a Vontade irmanada a um Ideal, na inspiração de algo que está em mim e não é meu, ouço sempre uma "VOZ", numa súplica dizer... OH! SENHORA DA LUZ VELADA! Tu que acalentas nos braços os sofrimentos de todos os planos, desvelando e dando a cada um, segundo seu grau, as verdades que estão em TI... Olhai e vigiai sobre "Esses" que vão ser encarregados de colher Teus ensinamentos por aí... Não permitas que, nessa hora, Teus "Gongás" permaneçam mudos, pois, BEM O SABES, quase todos estão "quedos", testemunhas silenciosas de "panoramas e cenários"... ai! quão doloroso é sentí-los assim... E por quanto tempo ainda... OH! UMBANDA! Teus "Gongás" ficarão em funeral?...

RIO DE JANEIRO – JANEIRO DE 1955

SENHORA DA LUZ VELADA UMBANDA DE TODOS NÓS
Por W. W. da Matta e Silva
(da Tenda de Umbanda Oriental)

OH! SENHORA DA LEI, este humilde caminheiro sente-se cansado... tem o desânimo a medir-lhe os passos, e mal começou a trilhar Tua Grande Estrada...

O sono da tristeza envolve-lhe a alma que se agita presa aos grilhões da matéria... Deixai então que adormeça e na VISÃO DE UM QUERER, veja Teu Lirial Manto abrindo-se em pétalas de Luz, cobrir os diletos filhos Teus...

Pois que, de alguns, já divisei a tímida presença, quando em defesa de Tuas mais simples VERDADES, afrontavam ainda vacilantes os "espinhos mentais", frutos de um arraigado Fetichismo, que em turbilhões saracoteiam e atacam de toda parte... Por certo vi "um ou outro fugir da liça, apavorado com o entrechocar das armas", mas, bem o sei, não ficarei eternamente só... Quando surgirão eles os outros, para Tua Lei confirmar... Porque, tão somente a mim coube iniciar...

Assim, no imperativo de uma VOZ, que vibra e ordena dos Espaços Siderais, a interpretação de "uma Ciência do Verbo", desejaria que Ela "falasse" também a inúmeros que por aí, Chefes de Terreiro são, e perguntasse a cada um, baixinho, suave e humildemente a seus ouvidos. Oh! tu que dizes incorporar a Entidade X, enfeitado de cor berrante, com um, três ou mais colares de LOUÇA e VIDRO pendurados no pescoço, iguaizinhos a esses que se usam nas fantasias de baianas, balangandãs que são inerentes aos folguedos "do cara suja ", comprados nos balcões da descrença, feitos por mãos impuras, copiado, de livros que nenhum Orixá garantiu que fosse "mironga" de sua Lei, e te pões em frente ao Gongá, mandando bater os tambores, com palmas e pontos gritados; dize irmão meu, em que realidade irás "receber"?... Reflete, serena teu mental... Será um protetor da vibração de Ogum, Xangô ou um Pai-Preto? Poderias então responder, cheio de brios, que é um desses, que teu "Pai de Santo foi ou é o tal, e que jamais ninguém duvidou dessa Entidade... Sim, mas como estás enganado, OH! FILHO DE ORIXÁ! Ninguém duvida de sua existência, "mas dela em ti", DESSA MANEIRA, inclusive tu mesmo, que vives num dilema, isto é, no Ser Real onde fala aquela voz que se chama consciência, ela te diz não estares "interpretando" bem esse Guia... E está certo; tudo isso que praticas NÃO FOI DIRETAMENTE ENSINADO POR TEU PROTETOR ATRAVÉS DO TEU MEDIÚNICO; aprendes copiando de outros. Senão vejamos: essas guias coloridas que ostentas no peito e que adquiriste como se fosse da linha A ou B, e que não expressam nem relacionam as vibrações das Entidades de acordo com a Natureza, pois não são "objetos virgens", oriundos da Mata, dos Rios ou do Mar, etc., e não têm nenhuma fixação de forças ordenadas não sendo preparadas com os valores dos sinais da Lei de Pemba, foi ele mesmo, teu desenvolvedor "de verdade" que determinou usares; ainda dentro de tua concepção, ou com a dita imperante no momento, analisa isso: Caboclos e Pretos-Velhos, que têm as suas mirongas nas favas, folhas e raízes (ervas) e nas estrelas do mar, conchas, búzios, e semelhantes, todas originárias desses mesmos elementos da Natureza, possuíam MAQUINAS APROPRIADAS para fabricarem LOUÇA e VIDRO e disto, lindas e multiformes continhas de cores variadas?... Sabes que não...

Esses pontos riscados cópias simbólicas comercializados por terceiros, tipo standart, é "ele mesmo em tí" que traça?... sabes que não... Essa quase maioria que samba em teu redor, exibindo uma mediunidade que tu não acreditas real, foi escolhida como médiuns por ter esse Dom de fato e de direito por teu Chefe Espiritual? Sabes que não... Então filho, medita; não mais exponhas ao ridículo a nossa Umbanda, equiparando-a a uma festa Africana; não interprete nossas Entidades pensando serem "realmente" os tais pretos escravos, e os caboclos ferozes das selvas, de mentes atrasadas que ainda são engabelados com as TAIS MIÇANGAS INFANTIS...

Os componentes da Lei tomam essas formas para expressarem a HUMILDADE em realidade, os Orixás, isto é aqueles que têm Chefes de Linha e Falange, são espíritos altamente evoluídos, verdadeiros Magos, senhores de conhecimentos profundos, e mesmo os demais integrantes desses setores são também de Luz e grande saber.

Por isso, deves começar desde já, a te amoldares nessa sublime Missão, qual seja a de praticares a Religião como deve ser, quer pela sua MAGIA, quer pela sua FILOSOFIA, como Eles mesmos ensinaram e ensinam, pois que UMBANDA não é criação recente, nem de poucos séculos...

É a Religião primitiva, QUE SE FEZ DIFUNDIR EM RAMA, por MOISÉS seguida e por JESUS confirmada, cujos ensinamentos ficaram esparsos e interpelados pelas cisões através dos tempos; portanto, sempre existiu, desde quando "esse mundo" começou a ter "vida consciente"...

RIO DE JANEIRO – MARÇO DE 1955

AGÔ MESTRES
Por W. W. da Matta e Silva
(da Tenda de Umbanda Oriental)

É assaz chocante; quando se faz um exame no "'panorama" chamado Umbandista, através dos ensinamentos de suas Escolas, por seus Livros ou Evangelhos...

De um lado vê-se uma "mistura" de Africanismo e Catolicismo; de outro, Kardecismo e o dito Catolicismo... Ou os três juntos.

E ainda de outro, mais um "tempero" surgiu, com uma inovação, espécie de culto esdrúxulo que começa a florescer num crescendo assustador passaram a render "hosanas", às mais variadas estátuas de pretos e pretas-velhas, índios de tipos diferentes, isto é, de várias "nacionalidades" e a "formas" que se assemelham a do suposto Diabo da Mitologia, com chifres, ferrão, serpentes, capas pretas e vermelhas... Que dizem ser Exus...

E o interessante é que todas essas "ditas coisas" são tidas como expressando as tão citadas "mirongas", ou as tão apregoadas verdades, desta tão mal interpretada Umbanda de todos nós.

Mas o que causa realmente espanto, vem de setores que se dizem altamente situados a ensinarem essas mesmas verdades, todas elas como a lídima revelação da Lei de Umbanda... Com a confusão que fazem de "alhos e bugalhos"...

Nesta altura, um pequenino "eu", de uma pequenina Tenda, dessas que certos "iniciados" generalizam como africanistas, "macumbistas" e outros epítetos, sem antes se darem ao cuidado de provarem o que realmente entendem de Umbanda, porque a única "novidade" que apresentaram até agora foi o "meterem o pau" nesse pobre africanismo, pensando que todos os Dirigentes de Tendas o praticassem, e fossem analfabetos, ostentando guias de "araque"...

Nesta altura, repito, um pequenino "eu" pede – AGÔ, MESTRES...

AGÔ para dizer a vossos "iluminados mentais" que dentro da verdadeira Umbanda do momento, existem legítimos Diretores Espirituais, que têm um DOM REAL E EXISTENTE.

Esses são Médiuns de "fato e de direito" e seus Mestres, os Orixás da Lei, "falam, revelam e não mentem", os inalteráveis e reais PRINCÍPIOS que não estão escritos ainda, nas páginas dos atuais Livros de Umbanda...

Assim peço "AGÔ" mais uma vez, oh! "mestres", para perguntar; que Entidades, Anjos ou Cherubins, Livros Sagrados ou Científicos, vos revelaram que a Lei de Umbanda é "criação" de menos de dois mil anos e seus inspiradores foram os primeiros mártires do Cristianismo, conhecidos como Santos, atualmente;...

Quem vos disse que Ogum é São Jorge e que Ogum de Lei é São Lázaro;... Era o caso de arranjarem mais 5 Santos para serem identificados com os Orixás que faltam para totalizarem os 7 que dirigem esta Linha, ordenada pela Vibração Original de Ogum...

...Ou então mais 7 vezes 7, igual a 49 Santos, para simbolizarem os ORIXÁS PRINCIPAIS de cada Linha.... E ainda por essa "lógica", surgiria uma Umbanda com 365 linhas que corresponde à quantidade mínima de Santos que enchem o calendário...

Saibam então que OGUM é o TERMO LITÚRGICO que identificou-se como uma das "sete palavras perdidas" compostas de duas sílabas ou palavras "falantes" que no fundo vêm a ser a mesma: IG ou AG, que é o AGNI dos Hindus — O Fogo Sagrado; e AUM, OM ou UM, invocação mística do Brahmanismo que encontra sua CORRESPONDÊNCIA FONÉTICA em OGUM que traduz essas ditas invocações místicas, exemplo: O FOGO SAGRADO, O FOGO DA SALVAÇÃO OU DA GLÓRIA, O FOGO DEVORADOR...

É ainda na Cosmogonia, o FOGO ETÉREO... Em síntese é uma VIBRAÇÃO ORIGINAL.

Saibam, portanto, que a Entidade de Jorge se identifica como Ogum de Lei, um dos sete Orixás da Linha ou Vibração, isto é, UM igual a mais SEIS... Um dos Diretores, um dos patronos etc., porque todos os orixás se identificam, precedendo os nomes que os qualificam, com o da dita vibração original que os ordenam...

Quem vos disse ou "inspirou" ainda oh! "mestres" das verdades ocultas (ou ocultadas) que Jerônimo, Doutor em Leis, que no ano 384 traduziu (perplexo e duvidoso) O Novo e o Velho Testamento conhecido depois como VULGATA e que só foi Santo, muito tempo depois, fosse a própria VIBRAÇAO ORIGINAL DE XANGÔ... E comandasse sozinho todos os Orixás, das 7 legiões, cada uma com, falanges, que formam uma das Linhas da Lei de Umbanda?...

AGÔ para dizer-vos que XANGÔ é também uma das "sete palavras perdidas" que traduz em si, uma das Sete Vibrações Originais, que ordenam os SETE ORIXÁS PRINCIPAIS, inclusive o chamado São Jerônimo, que é um desses, isto é, chefe de Legião... e ele se identifica como Xangô - Kaô (Kaô quer dizer: a Pedra do Céu, ou O ETER DO CÉU).

XANGÔ, ou CHANGÔ na verdadeira grafia, é composto de duas sílabas ou palavras falantes a primeira, CHAM, significa-O FOGO SUBTERRÂNEO, o RAIO, a segunda GO, significa - RAIO, ALMA, SENHOR; e esses valores que compõe a dita palavra mística, traduzem - Alma do Fogo Subterrâneo, Senhor do Raio Oculto, Senhor do Raio, etc.

Ora, "essas coisas" não são pura MITOLOGIA AFRICANA; TÊM SEU VALOR COSMOGONICO...

AGÔ, então, TRÊS VEZES, para terminar nestes dois exemplos dizendo que Gregos e Troianos podem ser donos de "quantas espécies" de Umbanda queiram, fabricadas à "sua moda" que esse pequenino "eu" não tem nada a ver com "isso" mas não digam nunca, POR FAVOR, que essas traduzem a UMBANDA VERDADEIRA...

Porque existem Médiuns e Chefes de Tendas que sabem distinguir Orixás, Guias e Protetores em suas Linhas ou Vibrações certas...

E jamais mudariam por livre "inspiração", um Caboclo Quatro (4) Luas, que conforme o número e a palavra que o qualifica traduz - 4, número par, gerado e gerador; LUA, planeta dito feminino porque é o da gestação, fecundação, correspondente a Vibração de YEMANIÁ – A DIVINA MÃE NA UMBANDA, por analogia ao Eterno Feminino, a Mãe Sofia dos

Teosofistas etc.

E Pai André, Pai Joaquim, Pai José, Vovôs e Vovós, todos altamente evoluídos que VELANDO suas "vestimentas karmânicas", cumprem Missão, usando uma das "TRÊS FORMAS" ordenadas na Lei, como seja a dos Pretos Velhos que assim o fazem debaixo de sua própria vibração original, isto é, na Linha de YORIMA... para a já citada Vibração de Xangô porquê demonstrariam assim uma total ausência de "conhecimento de base"...

E nunca em tempo algum, até nos ditos "meios africanistas" se ouve afirmar que um Preto Velho" fosse chefe de uma Falange de "Caboclos" de outra vibração, tendo, portanto, suas próprias chefias...

E jamais oh! "mestres", tornem a falar dessa SENHORA DA LUZ VELADA – UMBANDA DE TODOS NÓS, sem pedirem AGÔ, TRÊS VEZES, para que um "véu de vossas mentes" seja afastado e assim possam VÊ-LA, em seus VERDADEIROS PRINCÍPIOS...

AS SETE LÁGRIMAS DE PAI-PRETO

Este texto é precedido por uma pequena introdução explicativa de Matta e Silva:

Nestas páginas, estão gravadas as impressões vividas e sentidas por mim, diretamente, de um humilde e leal amigo do astral — o Pai-G... a quem rendo minha eterna gratidão, como seu veículo mediúnico desde a infância...

Desse Preto Velho, colhi esse lamento e essa lição, sobre a natureza das humanas criaturas que "giram" nos Terreiros ou Tendas de Umbanda.

Isto foi há muitos anos... Quando a experiência ainda não tinha encanecido minha alma nesse mister...

Naturalmente, ele, ao proporcionar-me esse "passeio astral" e ao falar assim numa demonstração direta, quis que eu visse a coisa como ela era e é... Pois eu tinha ilusões e bastante ingenuidade ainda.

Assim, quero dedicar essas suas lágrimas, a meus irmãos de Umbanda, aparelhos sinceros, para que, meditando nelas e vibrando a doce paz desses "Pretos Velhos", possam haurir forças e compreensão e sobretudo a indispensável experiência, para que sejam, realmente, baluartes das verdades que eles tanto ensinam... Quando, têm a oportunidade...

Foi uma noite estranha aquela noite queda; estranhas vibrações afins penetravam meu Ser Mental e o faziam ansiado por algo, que pouco a pouco se fazia definir...

Era um quê desconhecido, mas sentia-o, como se estivesse em comunhão com minha alma e externava a sensação de um silencioso pranto...

Quem do mundo Astral emocionava assim um pobre "eu"; não o soube, até adormecer... e "sonhar"...

Vi meu "duplo" transportar-se, atraído por cânticos que falavam de Aruanda, Estrela Guia e Zambi; eram as vozes da SENHORA DA LUZ VELADA, dessa UMBANDA DE TODOS NÓS que chamavam seus filhos de fé...

E fui visitando Cabanas e Tendas, onde multidões desfilavam... Mas, surpreso ficava, com aquela "visão" que em cada uma eu "via", invariavelmente, num canto, pitando, um triste Pai-Preto, chorava.

De seus "olhos" molhados, esquisitas lágrimas desciam-lhe pelas faces e não sei por que, contei-as... Foram sete. Na incontida vontade de saber, aproximei-me e interroguei-o: Fala, Pai-Preto, diz a teu filho, por que externas assim uma tão visível dor?

E ele, suave, respondeu: – Estás vendo essa multidão que entra e sai? As lágrimas contadas, distribuídas estão dentro dela...

A primeira eu a dei a esses indiferentes que aqui vêm em busca de distração, na curiosidade de ver, bisbilhotar, para saírem ironizando daquilo que suas mentes ofuscadas não podem conceber.

Outra, a esses eternos duvidosos que acreditam, desacreditando na expectativa de um "milagre" que os façam "alcançar" aquilo que seus próprios merecimentos negam.

E mais outra foi para esses que creem, porém, numa crença cega, escrava de interesses estreitos. São os que vivem eternamente tratando de "casos" nascentes uns após outros...

E outra mais que distribui aos maus, aqueles que somente procuram a Umbanda em busca de vingança, desejam sempre prejudicar a um seu semelhante - eles pensam que nós, os Guias, somos veículos de suas mazelas, paixões, e temos obrigação de fazer o que pedem... pobres almas, que das brumas ainda não saíram.

Assim, vai lembrando bem, a quinta lágrima foi diretamente aos frios e calculistas - não creem, nem descreem; sabem que existe uma força e procuram se beneficiar dela de qualquer forma. Cuida-se deles, não conhecem a palavra gratidão, negarão amanhã até que conheceram uma casa da Umbanda...

Chegam suaves, têm o riso e o elogio à flor dos lábios, são fáceis, muito fáceis; mas se olhares bem seus semblantes, verás escrito em letras bem claras: Creio na tua Umbanda, nos teus Caboclos e no teu Zambi, mas somente se vencerem o "meu caso", ou me curarem "disso ou daquilo"...

A sexta lágrima eu a dei aos fúteis que andam de Tenda em Tenda, não acreditam em nada, buscam apenas aconchegos e conchavos; seus olhos revelam um interesse diferente, sei bem o que eles buscam.

E a sétima, filho, notaste como foi grande e como deslizou pesada? Foi a ÚLTIMA LÁGRIMA, aquela que "vive" nos "olhos" de todos os Orixás; fiz doação dessa, aos vaidosos, cheios de empáfia, para que lavem suas máscaras e todos possam vê-los como realmente são...

"Cegos, guias de cegos", andam se exibindo com a Banda, tal e qual mariposas em tomo da luz; essa mesma LUZ que eles não conseguem VER, porque só visam a exteriorização de seus próprios "egos".

Olhai-os bem, vede como suas fisionomias são turvas e desconfiadas; observai-os quando falam "doutrinando"; suas vozes são ocas, dizem tudo de "cor e salteado", numa linguagem sem calor, cantando loas aos nossos Guias e Protetores, em conselhos e conceitos de caridade, essa mesma caridade que não fazem, aferrados ao conforto da matéria e à gula do vil metal. Eles não têm convicção.

Assim, filho meu, foi para todos que viste cair, uma a uma,

AS SETE LAGRIMAS DE PAI-PRETO! Então, com minha alma em pranto, tornei a perguntar: Não tens mais nada a dizer, Pai- Preto? E, daquela "forma velha", vi um véu caindo e num clarão intenso que ofuscava tanto, ouvi mais uma vez...

"Mando a luz da minha transfiguração para aqueles que esquecidos pensam que estão... ELES FORMAM A MAIOR DESSAS MULTIDÕES..."

São os humildes, os simples estão na Umbanda pela Umbanda, na confiança pela razão... SÃO SEUS FILHOS DE FÉ.

São também os "aparelhos", trabalhadores, silenciosos, cujas ferramentas se chamam DOM e FÉ, e cujos "salários " de cada noite são pagos quase sempre com uma só moeda, que traduz o seu valor numa única palavra – a INGRATIDÃO...

Capítulo XXII

A UMBANDA NOS DIAS DE HOJE SUAS RAMIFICAÇÕES

Quando um senhor de engenho necessitava de escravos, procurava sempre comprar os negros que não pertencessem à mesma nação ou, pelo menos, à mesma tribo ou família de escravos que já possuía. O ideal era que os escravos fossem os mais heterogêneos possível, pois isto diminuía a possibilidade de que eles se unissem e causassem uma rebelião.

Os desencontros entre os negros africanos aconteceram aqui no Brasil. Por exemplo, os fons abominavam os nagôs. O mesmo acontecia entre os bantus, onde angolanos e congueses também se defrontavam. No início de sua permanência no Brasil ocorreu determinada miscigenação, e a própria vida fez com que eles se unissem, pois se tinham suas desavenças, agora estavam num mesmo solo, cativos e humilhados. Muito cedo, os negros perceberam que só tinham em comum com os demais negros da senzala a cor da pele e o fato de serem escravos.

Suas lideranças passaram, então, a buscar o único meio de fazer com que houvesse uma ligação mais intensa entre eles. Perceberam que, com exceção dos negros mandingas, que eram muçulmanos, a maioria trazia a crença nos orixás. A crença em Zambi e nos orixás mais do que uma religião, era também um meio de garantir a solidariedade de todos. Enquanto o regime procurava desorganizar a identidade cultural dos africanos, estes contra-atacavam no mesmo nível, através de engenhoso e funcional sistema que fez surgir o primeiro sincretismo por dentro dos cultos afro-brasileiros.

Segundo o Caboclo Sete Espadas, o sincretismo é um fenômeno místico religioso que visa tornar inteligível um culto que possa ser praticado por vários povos ou grupos étnicos, que até o momento tinham rituais e concepções diferentes. É um mal necessário, pois ao analisar profundamente o sincretismo ou analogia de cultos ou partes de um culto, vamos ver que ele faz com que vários cultos se identifiquem em um só culto. Embora de forma primitiva, é uma tentativa de síntese. Promove ainda uma adaptação para os vários níveis conscienciais dos seres humanos, como também é uma forma de uni-los e elevá-los a outros patamares de evolução. É o que ocorre nos cultos populares de Umbanda.

A Umbanda é uma das metas a ser atingida pelos cultos afro-brasileiros. Ela é o Movimento de Luz que deve abarcar esses cultos.

O culto de Nação Africana, em sua pureza, há milênios não existe nem na própria África. Em nossa terra esses cultos se abrasileiraram, sob o influxo poderoso da Corrente Astral da Pura Raça Vermelha, que já lhes envia, de forma velada, poderosos emissários que, em missão, estão encarnando no seio da raça negra aqui no Brasil, trazendo-lhe novos rumos e nova visão em relação às concepções da Tradição do Orixá.

Os cultos de Nação Africana, que no Brasil recebem o nome de candomblés, continuam muito presos ao atavismo milenar, não conseguindo subtrair-lhes as deturpações que tentam doutrinar, mas que a lógica rebate.

Dentre os cultos denominados candomblés, vamos encontrar o chamado Candomblé de Caboclo, que é uma mistura onde predominam as influências africanas. Esse culto incorporou novos elementos em seus rituais, devido à presença da legítima corrente ameríndia, a qual gradativamente vem se infiltrando nesse meio para saná-lo.

Nesses Candomblés de Caboclo, além do culto aos orixás, ocorre uma profusão de imagens de santos católicos (sincretismo) misturados com imagens de índios, pretos velhos, crianças etc. Suas vestimentas são idênticas às dos cultos de Nação Africana. Nesses locais encontramos as camarinhas ou roncos, e nas suas sessões manifestam-se caboclos paramentados como índios para as consultas e também os exus.

Além do Candomblé de Caboclo com influências kêto-jeje-católico-ameríndio, existe o Candomblé de Caboclo com a predominância ritual de Angola, sendo uma mistura de congo-angola-kêto-jeje-católica e ameríndio. É a chamada Umbanda Mista ou Umbanda Cruzada ou Traçada. Nesse culto já existe uma predominância mais visível do Movimento Umbandista. Já se menciona mais o vocábulo Umbanda. Para breve esses candomblés serão abarcados pelo Movimento Umbandista. É a porta por onde a Umbanda está entrando. Esse culto já está na rota certa, aguardando o experimento cármico de seus adeptos para impulsioná-lo no âmbito da Umbanda.

Infelizmente, encontramos ainda formas degeneradas de cultos que vêm influenciando negativamente milhares de pessoas, como o Catimbó, Toré, Xambá e a Macumba. Nesses cultos encontramos consciências muito endividadas, com pouca noção entre o bem e o mal. São seres com poucas reencarnações, mas que desde já estão acumulando um carma pesado para o futuro.

O Catimbó é um culto muito atrasado vibratóriamente. É uma degeneração da pajelança associada aos rituais congo-angola de todos os tempos. Seus sacerdotes são chamados de Mestres de Linhas e as entidades que "baixam" são os baianos, marinheiros, boiadeiros, ciganos e zé-pelintras. Por desconhecimento de causa, o Catimbó é, muitas vezes, rotulado de Umbanda.[6]

Um culto similar ao Catimbó é o Toré. O Xambá é um culto em extinção, é uma mistura entre a cultura religiosa mística dos indígenas e dos povos africanos bantus (Angola). Foi abarcado, em seu aspecto superior, pelo Candomblé de Caboclo.

Um dos termos mais deturpados no meio umbandista é a Kimbanda. Devemos entender a Kimbanda como o conjunto oposto à Lei ou polaridade executora da Lei. A Kimbanda é comandada pelos Exus Guardiões que são os emissários da Luz ou de Lei para as sombras ou Trevas. Esses exus são os agentes executores da justiça cármica e, portanto, estão a ser-

[6] Hoje não penso assim, porém esse era o meu pensamento em 1990.

viço da Lei Maior. Essas entidades, quando no grau de "Cabeças de Legiões" são serventias diretas de entidades superiores, tais como caboclo, preto velho etc. Os seus subalternos ou capangueiros podem atuar num médium a fim de que ele mesmo só "trabalhe" com o dito Exu (muitas vezes, o médium não tem créditos suficientes para trabalhar com caboclo, preto velho e criança). Quando isso ocorre dizemos que o médium é kimbandeiro, mas não no sentido pejorativo que usualmente lhe atribuem, pois esse mesmo exu e o seu médium podem praticar o bem, através de métodos mais grosseiros. Esses trabalhos, no entanto, se restringem à esfera material.

Muitas vezes o médium que trabalha com um caboclo, preto velho, criança e exu, por motivos de vaidade, prestígio e dinheiro, passa a trabalhar mais com exu, e gradativamente, vai perdendo a sintonia com as entidades superiores, passando a se afinizar cada vez mais com exus de planos inferiores. No terreiro continuam as imagens dos orixás, e até de Oxalá, porém quem passa a comandar de verdade é o exu (dos planos inferiores). Aí começam os trabalhos de nível mais baixo e o kimbandeiro começa a receber os infalíveis choques de retorno, até conseguir um merecido fim. Não queremos dizer que todo kimbandeiro acaba desse modo, porém é o que acontece com a maioria deles.

Não devemos confundir Kimbanda, ligada aos Exus Guardiões da Justiça Cármica, com Kiumbanda, ligada aos kiumbas e às práticas nocivas de magia negra e às propaladas macumbas.

Caro leitor, ao encerrarmos este capítulo, queremos deixar claro que não tivemos a intenção de agredir o consciencial de quem quer que seja, e sim, mostrar as ramificações atuais da Umbanda e os seus lados positivo e negativo. Pedimos ao Astral que possa ajudar a cada adepto dos citados cultos, para que possam evoluir mais rapidamente e contribuir para a restauração do AUMBANDAM.

Capítulo XXIII

A ORDEM INICIÁTICA DO CRUZEIRO DIVINO

Aos 12 anos de idade, Francisco Rivas Neto (Mestre Arapiaga) recebeu as primeiras manifestações mediúnicas através do portentoso enviado do Astral Superior, o caboclo Urubatão da Guia.

Em 1969, montou sua humilde choupana de trabalhos umbandísticos no bairro do Ipiranga, situada à Rua Lord Cockrane, 613, em São Paulo. Essa choupana recebeu a denominação de Seara do Caboclo Urubatão. Em 1970 mudou-se para a Via Anchieta, 208, no bairro do Sacomã. Em 1972 retornou à Rua Lord Cockrane, 613 onde passou a denominar-se Agrupamento de Umbanda Esotérica Paz e Amor. Em 1977, passou a denominar-se Agrupamento de Umbanda Esotérica do Cruzeiro Divino.

Essa Casa de Trabalhos funcionou nesse local até 1978, quando já se denominava Ordem Iniciática do Cruzeiro Divino. Após essa data mudou-se para a travessa Magalhães, 681 (atual Chebl Massud,155), no bairro da Água Funda, em São Paulo, onde permanece até hoje.

Rivas Neto relatou-me que em 1971, após ter lido Umbanda de Todos Nós, teve um forte impulso de procurar Matta e Silva, em virtude do seu astral afinizar-se profundamente com os conceitos expressos naquele livro. Dirigiu-se ao Rio de Janeiro e "por acaso" encontrou-o na Livraria Freitas Bastos, localizada à Rua Sete de Setembro.

Quando Matta e Silva o viu, perguntou por que havia demorado tanto. Rivas Neto ficou perplexo, deslumbrado... Parecia que já o conhecia de milênios. Segundo Matta e Silva, eles já se conheciam havia várias reencarnações.

A partir daí, passou a frequentar mensalmente a famosíssima Gira de Pai Guiné em Itacuruçá, de onde as raízes do Pai Guiné se difundiram para todo o Brasil.

Foi em Itacuruçá, na Tenda de Umbanda Oriental (T.U.O.), que em 1978, Rivas Neto foi coroado Mestre de Iniciação de Sétimo Grau e considerado representante direto da Raiz de Pai Guiné, em São Paulo.

Muitas vezes Matta e Silva propiciou a Rivas Neto a felicidade de contar com sua presença em sua humilde Choupana de Trabalhos, participando de rituais internos e públicos e proferindo palestras e cursos. Nos arquivo da Ordem Iniciática do Cruzeiro Divino constam inúmeras gravações e fotos de Matta e Silva feitas no Rio de Janeiro e em São Paulo.

Foi em dezembro de 1987 que Matta e Silva esteve em São Paulo pela última vez.

Em novembro de 1987 Rivas Neto esteve em Itacuruçá, pois seu astral já o havia alertado que a pesada e nobre tarefa do Velho Mestre estava terminando. Rivas Neto ficou surpreso, ao chegar, pois ele o chamou a sós e em tom grave, lhe disse:

> – Rivas, minha tarefa está terminando, o Pai Guiné já me avisou... Pediu-me que eu vá a São Paulo e lá, no seu terreiro, ele baixará para promover, em singelo ritual, a passagem, a transmissão do Comando Vibratório de nossa Raiz...

No dia 2 de dezembro, o Velho Mestre chegava a São Paulo e se hospedava na residência de Rivas Neto. Foi submetido a um rigoroso exame clínico cardiológico, onde foi diagnosticada uma hipertensão arterial acompanhada de uma angina estável. Estava muito ansioso e dizia que o Pai Guiné queria fazer o ritual o mais rápido possível. Disse também que a responsabilidade da literatura ficaria a cargo de Rivas Neto, já que lera Umbanda – A Proto-Síntese Cósmica, obra que ele prefaciara. Segundo Matta e Silva, essa obra revolucionaria o meio umbandista.

Chegamos ao dia 2 de dezembro de 1987. Rivas Neto descreve da seguinte maneira o ritual:

> A ordem Iniciática do Cruzeiro Divino, com todo seu corpo mediúnico presente, se engalanava, vibratoriamente falando, para receber nosso querido Mestre e, muito especialmente, Pai Guiné.
> As 20 horas em ponto, adentramos o recinto Sagrado de nosso Santuário Esotérico. Pai Matta fez pequena exortação, dizendo-se feliz por estar mais uma vez em nosso humilde Terreiro, e abriu a gira. Embora felizes, sentíamos em nosso Eu, que aquela seria a última vez que como encarnado, nosso Mestre pisaria a areia de nosso Congá. Bem... Pai Guiné ao baixar, saudou a todos e promoveu um ritual simples, mas profundamente vibrado e significativo. Num determinado instante do ritual, na apoteose do mesmo, em tom baixo, sussurrando ao nosso ouvido, disse-nos:
> – Arapiaga, meu filho, sempre fostes fiel ao meu cavalo e ao Astral, mas sabeis também que a tarefa de meu cavalo não foi fácil e a vossa também não será... Nunca vos deixeis impressionar por aqueles que querem usurpar e só sabem trair... Lembrai-vos de que Oxalá, o Mestre dos Mestres, foi coroado com uma coroa de espinhos. Que Oxalá abençoe vossa jornada, estarei sempre convosco...
> Em uma madeira de cedro, deu-nos um Ponto Riscado, cravou um ponteiro e, ao beber o vinho da Taça Sagrada, disse- nos:
> – Podes beber da taça que dei ao meu cavalo – ao beberes, seguirás o determinado... Que Oxalá te abençoe sempre!
> A seguir, em voz alta, transmitiu o Comando Mágico Vibratório de nossa Raiz...

Alguns dias após o ritual, Matta e Silva mostrou a Rivas Neto, um documento com firma reconhecida, no qual declarava que ele era seu representante direto, em âmbito nacional e internacional. Por circunstâncias astrais, ele e Pai Guiné quiseram evitar um hiato onde usurpadores inescrupulosos poderiam, como aventureiros, aproveitar-se para destruir o que eles haviam construído! Cópia desse documento será mostrada a seguir.

Francisco Rivas Neto, Mestre de Iniciação de 7o Grau, é formado em medicina e especializado em cardiologia, dedicando-se atualmente à medicina psicossomática, onde também usa terapias alternativas e métodos da medicina holística e terapia regressiva a vivências passadas. É também, ex-professor de cardiologia, transmitindo os seus conhecimentos aos futuros médicos. Do mesmo modo como honra o juramento a Hipócrates, honra sua fidelidade ao Astral, transmitindo os seus conhecimentos aos seus médiuns. Desembaraçado dos nós da tola vaidade, tem sempre uma palavra amiga aos seus filhos de fé e a todos que o procuram em busca de caridade.

W. W. da Matta e Silva estabeleceu um marco que constitui a linha mestra da doutrina da verdadeira Umbanda atual. Apesar da grande resistência que se opõe à sua doutrina, ela rendeu valorosos frutos. Como um dos iniciados da Raiz do Pai Guiné, Rivas Neto é o veículo de outro grande condutor da Umbanda, a entidade que se apresenta como caboclo Urubatão da Guia, que é o Mentor Superior da Ordem Iniciática do Cruzeiro Divino.

Com a fundação da Ordem Iniciática do Cruzeiro Divino (O.I.C.D) em 1970, tivemos a sua reimplantação no planeta Terra, já que a Ordem é uma Confraria Astral, ou seja, existente no mundo espiritual desde primitivas eras, independentemente dos aspectos humanos e de sua fundação em nosso meio. Ela ressurge na Terra, como parte da Umbanda que ressurge, mesmo que ainda de forma embrionária. Através de informação do Astral, sabemos que o movimento cármico espiritual visando a reimplantação da Ordem na Terra teve o seu início há mais de 500 anos, demonstrando assim a ancestralidade da Ordem.

A Ordem Iniciática do Cruzeiro Divino é, portanto, uma Confraria Astral que desce ao mundo das formas e que há de se firmar como um dos principais veículos da Corrente Astral de Umbanda. A Ordem é, dentro do Movimento Umbandista, a guardiã das Tradições da Umbanda.

Na parte interna, a Ordem se propõe a orientar e adestrar

as faculdades mediúnicas dos médiuns a ela ligados. Dessa maneira podem eles colaborar para a melhoria e evolução de si mesmos, de seus semelhantes e, consequentemente, do mundo em que vivemos. Devemos ainda ressaltar que inicialmente, a Ordem é uma casa de iniciação. Todos os integrantes da Ordem podem ser considerados iniciados, não importando o grau que cada um poderá atingir. A iniciação é um processo de auto conhecimento, onde cada um tem um despertar da consciência para as realidades do Eu, do Mundo Espiritual, do Universo e das coisas relativas à Lei Divina.

No seu aspecto externo, a Ordem é, antes de tudo, uma casa de caridade que, através de sábios mentores como o caboclo Sete Espadas, Pai Joaquim, Doum, Exu das Sete Encruzilhadas e tantos outros abnegados trabalhadores do Astral, presta atendimento público nas chamadas giras de caridade e no equilíbrio aurânico. Promove ainda cursos básicos que permitem aos seus frequentadores adentrar na religião, filosofia, ciência e artes, desta tão decantada *Umbanda – A Proto-Síntese Cósmica*.

A Ordem Iniciática do Cruzeiro Divino é, na atualidade, a grande direcionadora e orientadora do Movimento Umbandista, levando o esclarecimento e, na medida do possível, revelando aspectos dessa Tradição Oculta àqueles que a ela se achegarem.

A Ordem não existe em função das pessoas. As pessoas é que existem em função da Ordem, e esse princípio norteia os trabalhos e as intenções daqueles que dela participam.

Devemos registrar que Rivas Neto foi o veículo mediúnico através do qual o caboclo Sete Espadas, portentoso sacerdote da raça vermelha, escreveu as obras Umbanda – *A Proto-Síntese Cósmica e Umbanda – O Elo Perdido*, marcos direcionadores do Movimento Umbandista atual e que seguem a doutrina de W. W. da Matta e Silva e Pai Guiné.

Recentemente (junho de 1991), Rivas Neto lançou, através da Livraria Freitas Bastos, o livro de sua autoria (não-mediúnico), *Lições Básicas de Umbanda*.

Esta obra destina-se aos iniciantes na Umbanda e também aos mais velhos no Santé, pois desvela muitos aspectos desta Umbanda de todos nós, de forma clara, concisa e direta.

Para encerrar este capítulo devemos ressaltar que as giras de caridade da Ordem Iniciática do Cruzeiro Divino são frequentadas por pessoas de várias partes do país e até do exterior.

Os cursos de Cultura Umbandista e os workshops da Ordem transmitem cultura geral espiritual e esclarecimentos sobre a religião umbandista aos seus frequentadores. No entanto, estes eventos não fornecem diplomas e tampouco "títulos de babalaôs".

Alguns filhos de fé da Ordem, com Ordens e Direitos do Astral Superior, possuem seus próprios terreiros (Agrupamentos de Umbanda do Cruzeiro Divino). A Ordem Iniciática do Cruzeiro Divino não é uma entidade federativa. Os objetivos da Ordem não são de caráter "temporal" e sim de caráter "espiritual".

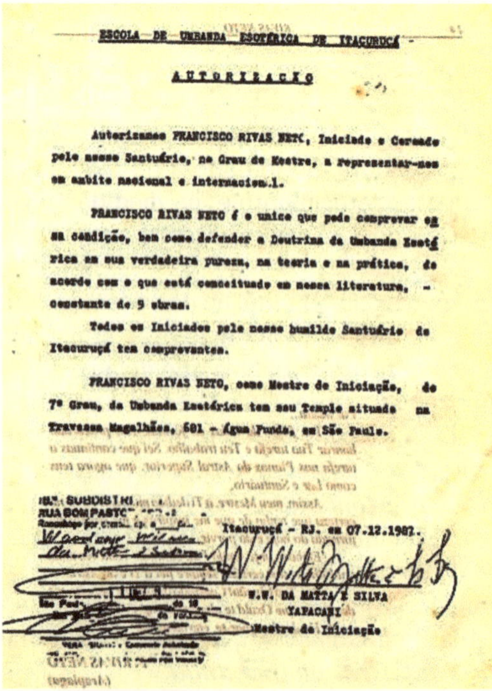

ESCOLA DE UMBANDA ESOTÉRICA DE ITACURUÇÁ

AUTORIZAÇÃO

Autorizamos FRANCISCO RIVAS NETO, Iniciado e Coroado pelo nosso Santuário, no Grau de Mestre, a representar-nos em âmbito nacional e internacional.

FRANCISCO RIVAS NETO é o único que pode comprovar essa condição, bem como defender a Doutrina da Umbanda Esotérica em sua verdadeira pureza, na teoria e na prática, de acordo com o que está conceituado em nossa literatura, constante de 9 obras.

Todos os Iniciados pelo nosso humilde Santuário de Itacuruçá tem comprovantes.

FRANCISCO RIVAS NETO, como Mestre de Iniciação, de 7º Grau, da Umbanda Esotérica tem seu Templo situado na Travessa Magalhães, 601 - Água Funda, em São Paulo.

Itacuruçá - RJ. em 07.12.1982.

W.W. DA MATTA E SILVA
YAPACANI
Mestre de Iniciação

Cópia do documento escrito por W. W. da Matta e Silva autorizando Rivas Neto a representá-lo em âmbito nacional e internacional.

Congá da Ordem Iniciática do Cruzeiro Divino.

Congá do Agrupamento de Umbanda do Cruzeiro Divino (São Paulo – SP), mostrando que as filiais da Ordem Iniciática do Cruzeiro Divino apresentam homogeneidade nos seus rituais e fundamentos.

Capítulo XXIV

PONTOS CANTADOS

Desde o início da implantação do Movimento Umbandista, várias entidades manifestadas em "médiuns de verdade" trouxeram para o terreiro, através da incorporação ou intuição mediúnica, muitos pontos com fundamento e de alto valor mágico. São os chamados "Pontos de Raiz". Ao longo do tempo, muitos desses pontos foram sendo deturpados e improvisados, para esta ou aquela Entidade, a bel prazer dos médiuns e ogans.

Outros ainda "compõem" pontos para participarem de "festivais de música umbandista", claro que sem a mínima ligação com as verdadeiras entidades, quando não aliados aos sons ensurdecedores dos atabaques com ritmo de samba. Umbanda não é competição!

Os pontos verdadeiros são aqueles que foram outrora cantados pelos nossos protetores com a intenção de tocar os corações dos filhos-de-fé, seguindo uma determinada ação psicológica de acordo com seu grau consciencial. Devemos levar em conta, ainda, que esses pontos têm uma entonação especial para atingirem os seus objetivos.

Como registro histórico, citaremos alguns pontos de raiz relativos a cada orixá e suas falanges. Um próximo livro abordará somente os pontos cantados, levando-se em conta a sua interpretação e a pauta musical.

PONTOS DE VIBRAÇÃO DE ORIXALÁ

Ponto pedindo socorro espiritual
Abre as portas gente

Que aí vem Jesus
Ele vem carregando
O peso da cruz

Vem de porta em porta
Vem de rua em rua
Para salvar as almas
Sem culpar nenhuma...

Ponto de afirmação
Oxalá meu Pai
Tem pena de nós tem dó
Se a volta da Terra é grande
Teu poder ainda é maior...

PONTOS DA VIBRAÇÃO DE YEMANJÁ

Ponto da Cabocla Cinda
Cinda, no barqueiro de Cinda
Cinda é quem vem saravá
Cinda de Mamãe Oxum ai ê ê
Cinda nas ondas do mar

Ponto de louvação
Eu vi Mamãe Oxum na cachoeira...
Sentada na beira do rio
Colhendo lírio, lírio ê...
Colhendo lírio, lírio á...
Colhendo lírios para ofertar...
Aos filhos de seu "congá"...

PONTOS DA VIBRAÇÃO DE YORI

Ponto de Tupãzinho
Tupã, olha seu Tupãzinho
Que desce lá do céu azul
Trazendo a luz dos Orixás
Aqui pra dentro do Congá...

Ponto de chamada
Ó! Cosme, Ó! Damião...
Sua banda chamou...
Vem do fundo do mar...
Com a "mironga" que Yemanjá mandou...

Dois, Dois, Sereia do Mar...
Dois, Dois, Mamãe Yemanjá...
Dois, Dois, Sereia do Mar...
Dois, Dois, Papai Oxalá...

PONTOS DA VIBRAÇÃO DE XANGÔ

Ponto de afirmação de forças ou das correntes do Terreiro
Que mata é essa
Que o leão bradou
Que pau é esse
Que o machado não cortou

Que pedra é essa
Que o corisco iluminou...
Essa terra é da Jurema Filho meu...
Tudo isso é de Xangô
Zambi é quem deu...

Ponto do Caboclo Sete Pedreiras
Por detrás daquela serra...
Tem uma linda cachoeira...
Onde mora Xangô Kaô...
Dono das Sete Pedreiras...

PONTOS DA VIBRAÇÃO DE OGUM

Ponto para defumação
Com licença, Pai Ogum
Filho quer se defumar, (bis)
Umbanda tem fundamento
E preciso preparar...

Com incenso e benjoim
Alecrim e alfazema
Defumar filhos de fé
Com as ervas de Jurema

Ponto de chamada
Que cavaleiro é aquele
Que vem cavalgando pelo céu azul
É Ogum Matinata
Que está chegando do Cruzeiro do Sul...

Pontos para os Caboclos na faixa de Ogum Yara
Se Ogum é meu Pai
Vencedor de demanda
Ele vem de Aruanda
Vem salvar filhos de Umbanda...

Ogum, Ogum Yara (bis)
Salve os campos de batalha
Salve a Sereia do Mar
Ogum... Ogum Yara..

PONTOS DA VIBRAÇÃO DE OXÓSSI

Ponto do Caboclo Mata Virgem
Em plena mata eu vi
Um caçador da Jurema
Era o seu Mata Virgem
Com seu saiote de pena
Com sua flecha e seu bodoque
E seu saiote de pena

Ponto afirmando gira com Caboclo
Ele é Caboclo, é lá da Macaia
Ele é Caboclo em qualquer lugar
Ele não tira as folhas da Jurema
Sem ordem suprema de Pai Oxalá...

PONTOS DA VIBRAÇÃO DE YORIMÁ

Ponto de afirmação de Preto Velho com as Almas
Eu andava perambulando
Sem ter nada pra comer
Fui pedir às Santas Almas
Para vir me socorrer...(bis)
Foi as almas quem me ajudou
Foi as almas quem me guiou
Meu Divino Espírito Santo
Viva Deus Nosso Senhor...(bis)

Ponto de chamada
Congo cruza com Cambinda
Quando vem pra trabalhar
Congo vem pela terra
Cambinda vem pelo mar...

PONTOS DA VIBRAÇÃO DE EXU

Ponto do Exu das Sete Encruzilhadas
Soltaram o pombo lá na mata
E na pedreira ele pousou
Foi parar lá na encruzilhada
Seu Sete Encruza é quem mandou

Ponto do Exu Tiriri
Exu Tiriri de Umbanda
Mora na encruzilhada
Quem toma conta da ronda
Ao romper da madrugada

Capítulo XXV

A UMBANDA E O FUTURO

Pois é caro leitor, estamos chegando ao final (do livro) mas a História continua...

Citamos várias vezes que o Movimento Umbandista pretende restaurar o AUMBANDAM. Nesta fase inicial, o Movimento Umbandista pretende lançar no seio da grande massa umbandista as sementes dos verdadeiros fundamentos da Lei Divina. Segundo a Sagrada Corrente Astral de Umbanda, o Movimento Umbandista passará por sete fases que farão ressurgir a Proto-Síntese Cósmica.

A 1ª fase – a atual – é a de OGUM. Esta fase que teve início entre 1888 e 1889, com o término da escravidão e o início da República, tem como marco inicial o dia 15 de novembro de 1908, através do Caboclo das Sete Encruzilhadas, no Rio de Janeiro. Esta fase abre os caminhos para todos. Ela ocorre através de cultos simples e objetivos para abarcar o maior número possível de consciências espirituais.

A 2ª fase – a fase de OXÓSSI – será iniciada por dentro da fase de OGUM e objetiva, por dentro dos cultos afro-brasileiros, trazer uma Doutrina Una, de início, adaptada a determinados subgrupos do Movimento Umbandista, para depois reuni-los em uma só doutrina, a qual visa o ressurgimento do AUMBANDAM. Após o chamamento de OGUM, ocorrerá então a conscientização. OXÓSSI é o Caçador das Almas que abarca as consciências.

A 3ª fase será a fase de XANGÔ, O Senhor da Balança, o selecionador. Aqueles que foram sensíveis às duas fases anteriores serão selecionados para levar adiante o Movimento Umbandista. Outros serão relegados a planetas inferiores, até se regenerarem e poderem participar da coletividade terrena. Quando esta fase estiver atuando em sua totalidade, reinará sobre a coletividade umbandista a Justiça Universal.

A 4ª fase será a fase de YORIMÁ, O Senhor da Lei Reinante. Nesta fase a coletividade umbandista terá alcançado a sua maturidade, e caminhará rumo a novos estágios evolutivos, que nessa época será plenamente consciente para todos. Nessa fase os filhos de fé serão mais experientes e humildes e se prepararão para a Iniciação Cósmica.

Na 5ª fase – fase de YORI – A Potência da Pureza Cósmica – ocorrerá o nascimento de uma nova mentalidade planetária, principalmente por dentro do Movimento Umbandista. Novos rumos surgirão para ensinamentos. Será uma época de paz, harmonia e alegria. É a fase da Pureza Interior.

A 6ª fase – fase de YEMANJÁ – A Potência do Amor Cósmico – será caracterizada pela gestação dos princípios espirituais na humanidade. É o florescer do sentimento nobre. No Movimento Umbandista esta fase trará os indícios para o ressurgimento da Proto-Síntese Cósmica.

A 7ª fase é a fase de ORIXALÁ – A Potência do Verbo Divino, aquele que supervisionou todas as fases. É o princípio espiritual em ação na humanidade. O Amor Universal e a Sabedoria Universal relembrarão os atos do Cristo Jesus, os quais serão inerentes à humanidade. Ocorrerá, então, o reencontro com a Proto-Síntese Cósmica que colocará a Terra na posição de planeta de elevação. Surgirá então, a Raça Transmutada.

Para maiores detalhes sobre este empolgante assunto, vide o capítulo XVIII do livro Umbanda – A Proto-Síntese Cósmica.

Pois bem caro leitor, pelo que já vimos, cada vez há menos lugar no Movimento Umbandista para os "vendilhões dos templos e tempos modernos", para os "orixás sanguinários" e com paixões humanas, para despachos cheirando a sangue nas encruzilhadas de asfalto e tantas outras tolices ainda praticadas. O Astral cumpre a sua parte. Cabe a nós cumprirmos, aqui na Terra, a nossa parte. Devemos e temos a obrigação de esclarecer as consciências atrofiadas pela ignorância. É necessário continuar fazendo a História Real da Umbanda em busca dos conhecimentos do AUMBANDAM.

A todos, o meu sincero Saravá!

Que Oxalá possa nos iluminar em nossas jornadas espirituais!

FAC-SIMILE DA PRIMEIRA PÁGINA
DO N° 1 DO JORNAL "O CLARIM DA ARUANDA"

O Clarim da Aruanda

ANO I – Nº 1 NOVEMBRO/DEZEMBRO – 1994

UM JORNAL A SERVIÇO DA COLETIVIDADE UMBANDISTA

NOSSA HISTÓRIA

A fundação do Agrupamento de Umbanda do Cruzeiro Divino – Templo do Caboclo Sr. 7 Lanças havia sido prevista, em maio de 1990, pelo Sr. Tapuia. Anos depois, em outubro de 1993, Pai Joaquim mostrava a necessidade de implantá-lo no Plano Físico uma vez que no Plano Astral, segundo suas palavras, ele já estava plasmado. Trinta dias mais tarde (18 de novembro), numa cerimônia que contou com a presença astral do Sr. Tapuia, inaugurava-se esta Casa de Orações e Trabalhos Umbandísticos, na Rua Professor Macedo Soares, 14, no bairro do Jardim da Glória.

Durante um ano a Casa do Sr. das 7 Lanças funcionou neste local. Gradativamente o espaço foi se tornando pequeno pois o número de consulentes foi aumentando e já não comportava tanta gente.

Procurou-se então um novo local e a escolha recaiu sobre uma casa maior localizada na Rua da União, 119, no bairro da Aclimação. O Templo está sendo preparado e a primeira gira de caridade ocorrerá no dia 17 de novembro.

O A.U.C.D. – Templo do Cabolo 7 Lanças, como todos os Agrupamentos filiados astralmente à Ordem Iniciática do Cruzeiro Divino, tem como função primordial a caridade através do atendimento público. O A.U.C.D. oferece ainda outras atividades como cursos, palestras e work-shops que pretendem, por meio de rituais seletos, contribuir para a evolução espiritual do ser humano.

Vários Agrupamentos filiados à O.I.C.D. estão em plena atividade, dentre eles o A.U.C.D. – Templo do Caboclo Rompe Mato, fundado em 28 de novembro de 1992 e situado na cidade de Taubaté – Vale do Paraíba, na Rua Zenaide de Moura Araujo Ramos, 99, bairro da Independência. As giras de caridade são comandadas por Eugênio Paiva de Moura, médium iniciado pelo Mestre Rivas Neto (Arapiaga).

Nos anais do Templo do Sr. Rompe Mato está registrado que a sua fundação ocorreu logo após Pai Rivas, Mestre de Iniciação da O.I.C.D., em conversa com Eugênio e Silvio L. R. Garcêz, em 26 de novembro de 1992, informá-los que para o ano de 1993 seria efetivamente iniciada a gira de atendimento na cidade de Taubaté.

No dia seguinte porém, para surpresa de Eugênio e Silvio, Mestre Rivas avisou-os que, por ordem do Astral Superior, a primeira gira de caridade deveria ser realizada no dia 4 de dezembro de 1992. A partir de então iniciaram-se os trabalhos umbandísticos no atendimento semanal, às terças-feiras, a comunidade de Taubaté e região, onde são recebidos consulentes e médiuns das cidades circunvizinhas.

Todos os Agrupamentos seguem, sem exceção, as diretrizes da Ordem Iniciática do Cruzeiro Divino na sua organização e aspectos astrais.

Congá do Agrupamento de Umbanda Cruzeiro Divino – Templo Sr. das 7 Lanças

Sumário

NOSSA HISTÓRIA

A fundação do Agrupamento de Umbanda do Cruzeiro Divino-Templo do Caboclo Sr. 7 Lanças havia sido prevista, em maio de 1990, pelo Sr. Tapuia. Anos depois, em outubro dc 1993, Pai Joaquim mostrava a necessidade de implantá-lo no Plano Físico uma vez que no Plano Astral, segundo suas palavras. ele já estava plasmado. Trinta dias mais tarde (18 de novembro), numa cerimônia que contou com a presença astral do Sr. Tapuia, inaugurava-se esta Casa de Orações e Trabalhos Umbandísticos, na Rua Professor Macedo Soares, 14, no bairro do Jardim da Glória.

Durante um ano a Casa do Sr. das 7 Lanças funcionou neste locai. Gradativamente o espaço foi se tornando pequeno pois o número de consulentes foi aumentando e já não comportava tanta gente.

Procurou-se então um novo local e a escolha recaiu sobre uma casa maior localizada na Rua da União, 119, no bairro da Aclimação. O Templo está sendo preparado e a primeira gira de caridade ocorrerá no dia 17 de novembro.

O A.U.C.D. – Templo do Caboclo 7 Lanças, corno todos os Agrupamentos filiados astralmente à Ordem Iniciática do Cruzeiro Divino, lem como função primordial a caridade através do atendimento público. O A.U.C.D. oferece ainda outras atividades como cursos, palestras e work-shops que pretendem, por meio de rituais seletos, contribuir para a evolução espiritual do ser humano.

Vários Agrupamentos filiados à O.I.C.D. estão em plena atividade, dentre eles o A.U.C.D. – Templo do Caboclo Rompe

Mato, fundado em 28 de novembro de 1992 e situado na cidade de Taubaté – Vale do Paraíba, na Rua Zenaide de Moura Araújo Ramos, 99, bairro da Independência. As giras de caridade suo comandadas por Eugênio Paiva de Moura, médium iniciado pelo Mestre Rivas Neto (Arapiaga).

Nos anais do Templo do Sr. Rompe Mato está registrado que a sua fundação ocorreu logo após Pai Rivas, Mestre de Iniciação da O.I.C.D,, em conversa com Eugênio e Silvio L. R. Garcêz, cm 26 de novembro de 1992, informá-los que para o ano dc 1993 seria efetivamente iniciada a gira de atendimento na cidade de Taubaté.

No dia seguinte porem, para surpresa de Eugênio e Silvio, Mestre Rivas avisou-os que, por ordem do Astral Superior, a primeira gira de caridade deveria ser realizada no dia 4 de dezembro de 1992. A partir de então iniciaram-se os trabalhos umbandísticos no atendimento semanal, às terças-feiras, a comunidade de Taubaté e região, onde são recebidos consulentes e médiuns das cidades circunvizinhas.

Todos os Agrupamentos seguem, sem exceção, as direrizes da Ordem Iniciática do Cruzeiro Divino na sua organização e aspectos astrais.

Bibliografia

ALLAN KARDEC
O Livro dos Espíritos.

ARTHUR CONAN DOYLE
A História do Espiritismo.

ÁTTILA NUNES
"Gira da Umbanda" – *Jornal Gazeta de Notícias.*

CAVALCANTI BANDEIRA
O que é a Umbanda.

DIAMANTINO F. TRINDADE
"Resistência e Candomblé" – *Jornal D. O. Leitura.*
——————— *Entrevistas com Zélia de Moraes e Zilméia de Moraes – Tenda Nossa Senhora da Piedade.*
——————— *Entrevistas com Francisco Rivas Neto – Ordem Iniciática do Cruzeiro Divino.*

DIANA BROWN
Umbanda e Política.

EDWARD MCNALL BURNS
A História da Civilização Ocidental.

FRANCISCO CÂNDIDO XAVIER (Humberto de Campos)
Brasil Coração do Mundo, Pátria do Evangelho.

HENRIQUE JOSÉ DE SOUZA
O Verdadeiro Caminho da Iniciação.

JOÃO SEVERINO RAMOS
Umbanda e seus Cânticos – Tenda Espírita São Jorge.

JOTA ALVES DE OLIVEIRA
Umbanda Cristã e Brasileira.

LEAL DE SOUZA
O Espiritismo, a Magia e as Sete Linhas da Umbanda.

LILIA RIBEIRO
Entrevistas com Zélio de Moraes.

RAUL BRAUN
O Romance da Rainha Mística.

RIVAS NETO
Apostilas do Curso de Cultura Umbandística – Ordem Iniciática Do Cruzeiro Divino.
——————— (Caboclo Sete Espadas)
Umbanda – A Proto-Síntese Cósmica.
——————— (Caboclo Sete Espadas).
Umbanda – O Elo Perdido.

ROGER BASTIDE
As Religiões Africanas no Brasil.

RONALDO LINARES
Entrevistas com Zélio de Moraes.

W. W. DA MATTA E SILVA
Artigos do *Jornal de Umbanda.*
———————. *Umbanda de Todos Nós.*

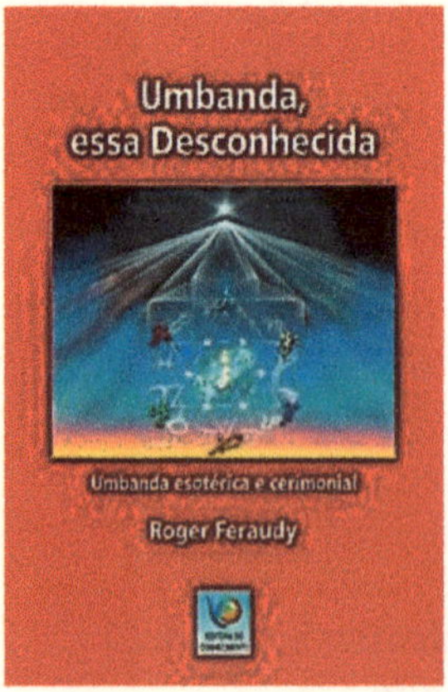

Umbanda, essa Desconhecida

ROGER FERAUDY

14x21cm, 250 p.

Umbanda, essa Desconhecida tornou-se, ao longo de duas décadas, uma obra básica de referência para os estudiosos da Umbanda, e retorna agora revista e ampliada.

O sábio mestre oriental Babajiananda (Pai Tomé) desvendou aqui, pela primeira vez, as desconhecidas origens ancestrais do culto AUM-PRAM, da velha Atlântida, e seu ressurgimento no Brasil, por determinação dos Dirigentes Planetários – fundado, em 1908, pelo Caboclo das Sete Encruzilhadas.

De forma clara e didática, são revistos conceitos fundamentais ainda pouco compreendidos da temática umbandista: que são, na verdade, os Orixás, e o que significam seus nomes originais? Como operam as Linhas de Umbanda? Quem são os seus médiuns? O que é um babá, um babalorixá? O que é magia? Afinal, o que são Exus? Qual é a estrutura oculta das falanges de Umbanda? Traz orientações sobre as práticas, como oferendas e despachos, pontos cantados e riscados, guias, banhos de ervas, a estruturação de um centro, criação de um gongá, obrigações, desenvolvimento e iniciações dos médiuns etc.

O extraordinário diferencial desta obra é a desmistificação dos pretensos "mistérios", das práticas descabidas e dos comportamentos mediúnicos e crenças inconsistentes, subproduto da desinformação.

Embasada nos milenares conhecimentos esotéricos, mas temperada pela simplicidade amorável dos terreiros, dela surge uma Umbanda luminosa, baluarte da Espiritualidade Maior planetária.

Roger Feraudy, consagrado autor de uma dezena de obras de sucesso — mais de 50 anos de prática umbandista — é uma das vozes mais abalizadas do Movimento de Umbanda no Brasil.

UMBANDA E SUA HISTÓRIA
foi confeccionado em impressão digital, em outubro de 2023
Conhecimento Editorial Ltda
(19) 3451-5440 — conhecimento@edconhecimento.com.br
Impresso em Luxcream 70g, StoraEnso